Guía Visual de Internet Edición 2011

Jorge Abaurrea Velarde

GUÍAS VISUALES

RESPONSABLE EDITORIAL:
Víctor Manuel Ruiz Calderón
Sandra Prada Sánchez

DISEÑO DE CUBIERTA:
Ignacio Serrano Pérez

Todos los nombres propios de programas, sistemas operativos, equipos hardware, etc. que aparecen en este libro son marcas registradas de sus respectivas compañías u organizaciones.

Edición española:
© EDICIONES ANAYA MULTIMEDIA (GRUPO ANAYA, S.A.), 2010
   Juan Ignacio Luca de Tena, 15. 28027 Madrid
   Depósito legal: M.21.296-2010
   ISBN: 978-84-415-2773-7
   Printed in Spain
   Impreso en: Peñalara

Capítulo 1
Introducción
a Internet

Una gran red

En este capítulo vamos a revisar a fondo la idea que la mayor parte de los usuarios tienen sobre Internet. Para la mayoría de las personas, Internet es lo que les permite usar el correo electrónico y consultar páginas Web, pero debe saber que hay mucho más detrás de eso. Y, por supuesto, tampoco está de más conocer los fundamentos en los que se basan todas las posibles acciones que podemos realizar en la Red, sus comienzos y el futuro desarrollo de Internet que tenemos ante nosotros. De esta forma podremos disfrutar más a fondo de todas las ventajas que nos ofrece esta nueva revolución informática.

Internet es una red. Una enorme red que interconecta ordenadores en todas partes del planeta y que permite compartir datos e información entre todos los equipos que forman parte de ella. Sus múltiples servicios (*World Wide Web*, Red, correo electrónico, transferencia de archivos mediante FTP, acceso remoto a otros ordenadores y redes, etc.) nos abren un mundo de posibilidades en nuestro propio ordenador.

Gracias a ella podemos enviar mensajes y archivos a cualquier parte del mundo en cuestión de segundos, incluso es posible obtener información de casi cualquier tema, a través de múltiples fuentes que, en épocas anteriores, serían inalcanzables para cualquiera de nosotros, a la par que enviar mensajes a nuestros amigos, parientes o socios empresariales sin tener que esperar el tiempo que era necesario antes para que, por ejemplo, se transportara una carta de Barcelona a Chicago (lo que podía ser casi eterno). Ahora todo es inmediato, móvil y permanente.

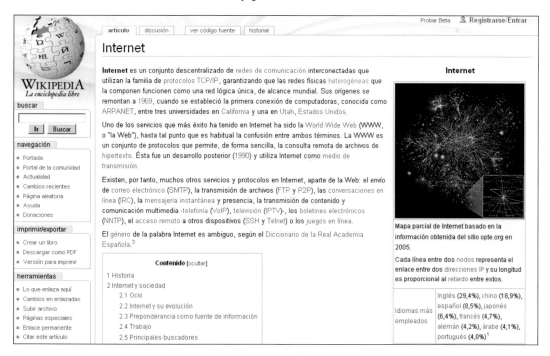

Posibles usos de Internet

Para la mayoría de nosotros, Internet se reduce al correo electrónico y a la World Wide Web. Pero es necesario saber que Internet pone a nuestra disposición muchas otras opciones. No tenemos que limitarnos a mandar mensajes y a visitar páginas Web.

Apoyándose en los principios de la información digital (toda aquella que se ha convertido en datos informáticos, reduciendo su estructura física a una serie de ceros y unos), Internet nos permite explorar un enorme universo de posibilidades en nuestra vida diaria. Las más importantes serían:

- **Correo electrónico:** Gracias a él es posible enviar mensajes y archivos a cualquier otra persona que disponga de conexión a la Red.

- *World Wide Web:* Permite acceder a los contenidos de las páginas Web, en las que dispondrán de una enorme cantidad de información de todo tipo en un entorno visual y agradable.

- **Transferencias FTP:** Posibilita la transferencia de archivos entre ordenadores.

- **Grupos de noticias:** Grupos centrados en temas concretos, en los que es posible colaborar enviando nuestras opiniones.

- *Chat:* Sistema de conversación "virtual" que se puede establecer con personas en cualquier parte del mundo.

- **Música y vídeo:** Acceso a contenidos audiovisuales en tiempo real que pueden disfrutarse en cualquier pantalla, desde un PC a un teléfono móvil.

- **Mensajería instantánea:** Conversaciones entre una o varias personas que pueden estar situadas en cualquier parte del mundo.

Como se puede observar, hay muchas opciones entre las que elegir. Incluso es posible aprovechar todas ellas al mismo tiempo. Estas posibilidades nos permiten enviar mensajes mientras navegamos por la Red, al mismo tiempo que descargamos archivos con una sesión FTP de la red de nuestra empresa, a la que hemos accedido gracias a una conexión remota posibilitada por nuestro acceso a Internet.

Pero vayamos paso a paso. Lo primero de todo es conocer un poco la historia de Internet y los procesos básicos que le permiten aprovechar todas las posibilidades que pone a su alcance.

El principio de la Red

Hablar de la historia de Internet actualmente tiene poco sentido, ya que nos encontramos ante un fenómeno joven, con apenas cuarenta años desde sus primeras versiones. En cualquier caso, el Internet de hoy, el que será mañana e incluso el de hace dos años, son tan diferentes entre sí que más que historia deberíamos hablar de los principios de la Red, ya que la historia se sigue escribiendo cada día. Las bases de Internet hay que buscarlas en las redes de telecomunicaciones anteriores. Una red no es más que un conjunto de máquinas interconectadas. Un ejemplo de ello sería la red telefónica.

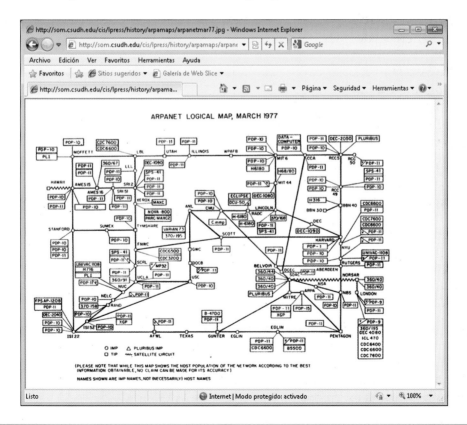

Los orígenes de Internet están ligados a la figura de J.C.R. Licklider, responsable de investigación en ordenadores de la ARPA (*Advanced Research Projects Agency*, Agencia de proyectos de investigación avanzada). Nos encontramos en el año 1962 cuando lo que ahora es Internet era concebido como una red galáctica, según la definió el propio Licklider. Otros nombres del equipo que podríamos llamar fundadores de Internet son Ivan Sutherland, Bob Taylor y el investigador del MIT Lawrence G. Roberts, a los que Licklider concienció sobre la importancia del concepto de trabajo en red.

La primera red de larga distancia se creó en 1965 cuando se logró conectar un ordenador de Massachusetts con otro que se encontraba en California a través de la línea telefónica.

En cualquier caso no será hasta 1967 cuando se pueda hablar de ARPANET, red construida por la agencia gubernamental citada anteriormente. El objetivo de la red era militar y se basaba en la posibilidad de que si fuera destruida una parte de la misma, el resto pudiera seguir funcionando. Para ello, cada ordenador era cliente y servidor de todos los datos, existiendo una cierta redundancia de la información fundamental para el funcionamiento de la red en todos los ordenadores que la integraban. No debemos olvidar que nos encontramos en un escenario ligado a la Guerra Fría y a una supuesta posibilidad de destrucción mutua que el cine de Hollywood nos ha retratado de forma un tanto frívola.

El proyecto a finales de 1969 ya contaba con cuatro ordenadores *host* o anfitriones, lo que actualmente se conoce como servidores interconectados. Es en este preciso momento cuando surge el embrión de Internet, que se asentaría el año siguiente cuando se publicó el protocolo de comunicación de *host* a *host*, llamado NCP (*Network Control Protocol*, Protocolo de control de redes), que no se implementaría en todos los servidores hasta el año 1972. Ese mismo año Ray Tomlinson creó lo que fue el correo electrónico.

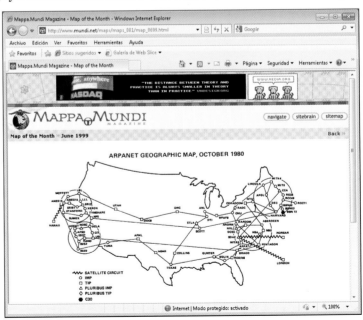

Una de las claves de Internet, tanto entonces como ahora, reside en su arquitectura abierta de trabajo en red, es decir, que múltiples redes con distintos sistemas sean capaces de coordinarse y compartir información.

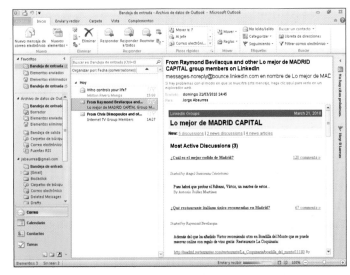

Otra de las claves hay que buscarlas en la comunicación a través de paquetes. La información que se transmite a través de Internet no lo hace de forma sincrónica a través de la tecnología de conmutación de circuitos. Esta forma de transmitir requiere que se abra un circuito para enviar información a una máquina y otro para recibir en la siguiente. Así, una primera máquina comenzará a enviar información mientras la otra la recibe. Para cambiar la función, es necesario que toda la información se haya enviado. Si ocurre algún problema durante el envío, habría que volver a enviar todo el contenido. En cambio, las comunicaciones por paquetes permiten enviar y recibir en todo momento al ser cada grupo de información más pequeño. Además, los paquetes incluyen como medida de seguridad una cierta redundancia de la información. En el caso de que un paquete se perdiera, la máquina lo reclamaría y se volvería a enviar, ocurriendo todo este proceso de forma casi instantánea.

El inicio de la concepción de la comunicación a través de paquetes se basa en la radio,

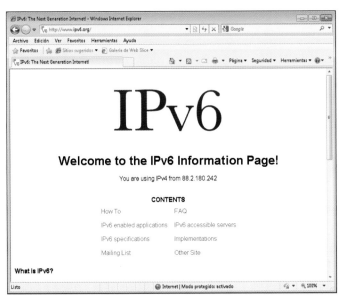

buscando solucionar el problema de las zonas de sombra (por ejemplo, paso a través de un túnel) o las interferencias. Así nació la primera versión del TCP/IP (*Transmission Control Protocol/Internet Protocol*, Protocolo de control de transmisión/Protocolo de Internet). A partir de este momento tenemos dos protocolos: el NCP sería en la actualidad un *driver*, es decir, un controlador, mientras que el TCP/IP sería el verdadero protocolo de comunicaciones.

Las reglas fundamentales de esta Internet son varias. La primera de ellas era que cada red podía ser distinta, es decir, con su sistema propio, su interfaz, etc., pero ninguna de las redes debería hacer cambios en su configuración para conectarse a Internet. Nace así la idea de las redes multiplataformas y multisistema.

Otra de las reglas se basaba en la comunicación por paquetes, y establecía que si un paquete no llegaba a su destino, debía ser reenviado en el menor tiempo posible por su emisor. La forma de interconectar las distintas redes sería a través de *routers* y puertas de enlace.

Las puertas de enlace no almacenarían información sobre la dirección a la que se envían los paquetes, para simplificar y aumentar la eficacia de la red. Finalmente, no existiría un control global de las operaciones, permitiendo que la premisa de un continuo funcionamiento de la red se cumpliese, aunque parte de ella quedara no operativa.

Al tratarse de una evolución tecnológica, la única forma de hablar de la historia de Internet es a través de su tecnología. Internet no fue diseñada con el objetivo de servir para una sola aplicación, sino que se concibió como una infraestructura general en la que pudieran desarrollarse diversos servicios.

A partir de aquí, la democratización de Internet va unida a la aparición de ordenadores personales, la alfabetización informática de parte de la sociedad, unas interfaces más sencillas e intuitivas, etc.

Como puede ver, la historia de Internet no es más que la historia de una parte de la informática que se ve afectada por la necesidad de ser un reflejo de la sociedad. El resto de la historia va unida a un cambio social que permitió crear nuevos lenguajes para expresarse y utilizar la Red. La mejor parte es que el cambio se sigue dando en toda la evolución posterior. Desde entornos como el del juego *"Second life",* que nos propone seguir una doble vida, hasta todo lo que se conoce como la Web 2.0, en la que el productor de la mayoría de los contenidos ya no es una empresa, sino que depende de todos los usuarios de la Red.

Los **paquetes** son cada una de las unidades en las que se dividen los archivos que se envían por la red, sean del tipo que sean, de forma que sea posible enviar muchos archivos al mismo tiempo por un mismo cable de red, alternando los paquetes de unos y otros.

Por supuesto, en sus comienzos Internet no tenía el agradable entorno visual del que disponemos en la actualidad, sino que, para los que lo hayan conocido, era un sistema similar a lo que podemos ver cuando usamos un sistema operativo que no disponga de una GUI (*Graphical User Interface*, Interfaz gráfica de usuario), como pueden ser las primeras versiones de MS-DOS o de Linux. Eso hacía que para usar Internet hubiera que conocer una gran cantidad de lenguajes de programación, órdenes y comandos para utilizar la transferencia de archivos o el correo electrónico, los dos primeros servicios de los que se disponía en esta nueva red. Pero aún así merecía la pena el esfuerzo. En realidad, el gran paso para convertir la Red de redes en lo que es hoy en día se dio en el CERN (*Conseil Européen pour la Recherche Nucléaire*, Consejo Europeo para la Investigación Nuclear), organismo dedicado a la investigación de la física de partículas.

Fue allí donde, en 1989, Tim Berners-Lee desarrolló un sistema para compartir información basándose en un entorno visual controlado por un nuevo lenguaje de programación llamado HTML (*Hipertext Markup Languaje*, Lenguaje de marcado de hipertexto). Con ello nacería la *World Wide Web*, lo que hoy todos vemos como Internet, pero que no es más que una de sus partes.

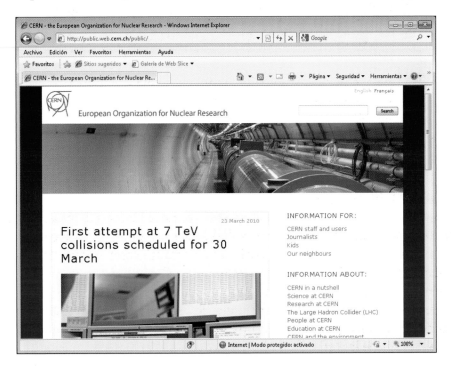

El HTML posibilitó el desarrollo de una forma de intercambiar información, mucho más gráfica, intuitiva y sencilla de manejar, que reducía los conocimientos necesarios para usar Internet. Tras este paso comenzaron a desarrollarse los primeros navegadores, como Mosaic, que permitirían descargar las páginas Web en cualquier ordenador con conexión a la Red.

Hay que tener clara la diferencia entre Internet y la *World Wide Web*. Internet es una red de redes, formada principalmente por cables y ordenadores conectados entre sí. Por el contrario, la Web es un "espacio de información imaginario" donde es posible encontrar sonidos, vídeos, textos y, en definitiva, cualquier tipo de información. No son lo mismo, pero la una no podría existir sin la otra, tal y como las conocemos hoy en día.

El desarrollo de Internet en España

Para llegar al nivel de implantación de Internet del que disfrutamos hoy en día en España han tenido que pasar varios años y, sobre todo, hemos tenido que pasar por varias etapas diferentes que marcan una serie de épocas para los usuarios españoles de Internet.

Primeras etapas

Los inicios de la implantación de Internet en España surgen por parte de Telefónica que, con cierta falta de previsión, inició el desarrollo de Internet implantando un sistema conocido como Infovía. En principio se trataba de un sistema centralizado en un nodo de comunicaciones (un ordenador),

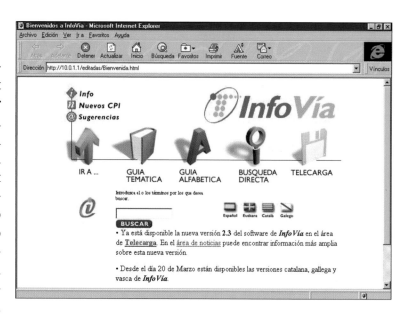

por el que circulaban todas las comunicaciones de Internet del país. Debido a una demanda que superó con creces las expectativas de Telefónica, al poco tiempo el sistema demostró ser insuficiente, produciéndose un cuello de botella en el nodo que ralentizaba las comunicaciones del sistema y hacía que se produjeran pausas en éstas.

Con el fin de obtener una solución temporal al problema, se implantaron nuevos nodos en algunas de las principales ciudades del país, pero manteniendo una centralita única para dirigir las llamadas a los diferentes nodos, haciendo que en poco tiempo se repitiera la situación de saturación.

Debemos dejar claro que Infovía no proporcionaba acceso directo a Internet, sino a una red paralela que había establecido la propia Telefónica. Para acceder a Internet era necesario disponer de un contrato con otra empresa que ofreciera la pasarela a la Red.

La explosión de Internet

El enorme desarrollo y la creciente demanda de conexiones a Internet llevó a Telefónica a establecer la denominada Infovía Plus, un servicio similar al de Infovía que disponía de nodos en la mayor parte de las capitales de provincia españolas o de ciudades que superaban un cierto número de habitantes. Gracias a ello fue posible establecer un acceso a través de llamadas locales, lo que abarataba la conexión y evitaba cuellos de botella nacionales, incluso desde lugares lejanos a los nodos, gracias al establecimiento de un número 902, de coste fijo como llamada local. Todo ello llevó a una mejora del servicio, aunque a ciertas horas (las conocidas "horas punta") seguían produciéndose congestiones.

Con todo este desarrollo, las conexiones a Internet comenzaron a apreciarse como un buen negocio y apareció por primera vez en España (dejando a un lado a Telefónica) la figura del ISP (*Internet Service Provider*, Proveedor de servicios de Internet). Se trataba de empresas que ofrecían servicios de conexión a Internet a los usuarios finales.

Éstos, principalmente, subcontrataban un número 902 a Telefónica (la propietaria de la instalación física) que hacía de intermediaria en la conexión con el usuario final. La segunda opción se daba en ciudades en las que el ISP montaba su propio nodo y permitía que los clientes accedieran a él a través de una llamada a un número de la localidad. La facilidad del sistema y los potenciales beneficios hicieron que el negocio de los ISP en España tuviera un espectacular desarrollo, surgiendo cientos e incluso miles de empresas que proporcionaban este servicio.

La situación actual

Después de la aparición de los numerosos ISP que se instalaron en España, se produjo la llegada de las grandes operadoras. Sus servicios de mayor calidad, su alta velocidad, grandes inversiones, mejores infraestructuras y sus precios sin competencia llevaron a la desaparición de la gran mayoría de éstos, y los que no desaparecieron acabaron absorbidos por estas grandes empresas. Hoy en día son estas empresas (como Orange, Ya.com, Telefónica, Jazztel y otras) las que controlan el mercado de Internet en España, ofreciendo en todo momento las últimas tecnologías y unos precios con los que era imposible soñar hace sólo cinco o seis años.

Afortunadamente España comienza a contar con una red de banda ancha relativamente decente, aunque todavía estamos lejos de Estados Unidos, el país de referencia. Una de las razones la podemos encontrar en el lento desarrollo que han tenido las redes de cable en nuestro país debido al empuje de las tecnologías xDSL (Digital Subscriber Line, Líneas de suscripción digital sobre la red de telefonía básica).

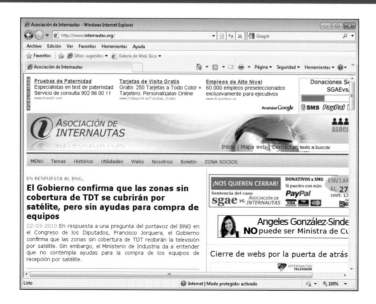

Conceptos esenciales

La aparición de la informática en el nivel de usuario y de Internet ha inundado la vida diaria con nuevos términos. PC, CD-ROM, DVD, SCSI (*Small Computer System Interface*, Sistema de interfaz para pequeñas computadoras), Wi-Fi son términos que hoy forman parte de nuestra vida, y junto a ellos hay otros términos que forman parte de la Red, pero de los que muchos desconocen su origen e incluso su significado.

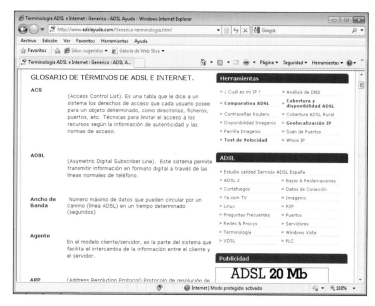

Ahora Internet introduce en la vida diaria otros muchos términos que, sin ser esenciales para el día a día, son importantes para conocer un poco más a fondo cómo funcionan las bases de esta enorme red. Términos como protocolo, dominio, TCP/IP, HTML, servidor o cliente son habituales para los que trabajamos con la Red, pero un poco menos para los que sólo la usan, y estos últimos no deben dejarlos de lado, ya que pueden aclararles muchas cosas.

El protocolo de Internet: TCP/IP

Lo primero que hay que saber es qué es un protocolo. En toda comunicación entre dos partes, en la que existe un emisor y un receptor, es necesario que establezcamos una serie de normas que posibiliten que ambas partes comprendan lo que se está transmitiendo.

En el caso de dos personas, estaríamos hablando de un idioma o de un lenguaje, pero en el caso de las comunicaciones entre sistemas informáticos y, por tanto, en las comunicaciones de Internet, los protocolos son los que se encargan de esta tarea. Por consiguiente, el protocolo es el "idioma" que hablan los sistemas de Internet.

En profundidad, su funcionamiento es bastante complejo y sólo resulta útil para desarrolladores, programadores y personal técnico relacionado con la Red, no para el usuario final, pero sí es conveniente conocer su funcionamiento básico.

Lo primero es saber que el protocolo básico de Internet es el llamado TCP/IP, que se compone de dos partes esenciales:

El TCP

Es el encargado de establecer la conexión para el intercambio de datos y de dividir en pequeños fragmentos, llamados paquetes, cada uno de los archivos o de los datos que se envían por Internet. Y es que es necesario conocer la forma en la que "viajan" los datos por la red. En el momento en el que nos conectamos a Internet para enviar un mensaje, ver una página Web o cualquier otra cosa comienza un intercambio de datos entre el ordenador que estamos usando y el servidor que nos da acceso a la Red y que distribuye esos datos.

Pero para poder aligerar las transmisiones, los archivos no viajan enteros, sino que se dividen en pequeños paquetes de pocos Kb cada uno. De esta forma se permite que exista una alternancia de paquetes de distintos usuarios y se evita la aparición de atascos en la Red. Esta función es la que realiza el protocolo TCP, que también se encargará, en el ordenador de destino, de recibir los paquetes que van llegando y de ordenarlos de la forma correcta para recomponer el archivo o los datos que se han transmitido.

La IP

Su misión se encuentra unida al funcionamiento del TCP, puesto que se trata de la parte que se encarga de asignar, a cada uno de los paquetes que se crean mediante el protocolo TCP, una dirección de emisión así como también una dirección de destino. Son las conocidas por todos como direcciones IP, que identifican a los ordenadores de la Red. De esta forma, cuando el protocolo TCP crea un paquete, el protocolo IP incluye la dirección IP del remitente y la del destinatario, que siempre son únicas para cada máquina de la Red. Poniendo un símil, una dirección IP es lo más parecido en Internet a un número de teléfono. Para establecer una comunicación con otro usuario, hay que conocer su número y éste debe conocer el nuestro para devolvernos la llamada.

Aunque no seamos conscientes, cada ordenador de la red dispone de su propio IP, compuesto siempre por una serie de doce números, separados en cuatro grupos de tres cifras cada uno (creando una dirección del tipo 156.232.188.253), en los que el número más alto no puede ser superior a 255 ni el más bajo inferior a 0. Esta serie produce un enorme número de direcciones.

Sin embargo, la enorme proliferación de usuarios y el hecho de que muchas de ellas estén reservadas para fines especiales y no puedan ser asignadas ha hecho que las autoridades que gestionan la Red hayan comenzado a plantearse la creación de un número IP mayor, que permita disponer de un número suficiente de direcciones para los próximos años. Es lo que se conoce como el IPv6 (*Internet Protocol versión 6*, Protocolo de Internet versión 6), que será el nuevo protagonista de Internet.

Todas las conexiones tienen una dirección IP, aunque lo más habitual es que ésta no sea fija. Hoy en día, sólo las grandes empresas e instituciones disponen de ellas, junto con los usuarios que disponen de líneas de tipo ADSL (*Asymmetric Digital Subscriber Line*, Línea de suscripción digital asimétrica) y han contratado esta posibilidad. Todos los demás usuarios que acceden a Internet por medio de una conexión normal disponen de lo que se llama IP variable, que es asignada por el ISP en cada una de las ocasiones en las que se establece la conexión. De esta forma, su dirección es distinta cada vez que se conecta.

Los dominios de la Red

Tenemos claro que las direcciones IP son las que se usan para "llamar" a los diferentes ordenadores de la Red.

Cualquier usuario de Internet puede decir, con casi toda seguridad, que nunca ha tenido que escribir uno de estos números para acceder, por ejemplo, a su página Web favorita.

¿Qué pasa entonces? Pues sencillamente que han entrado en juego los dominios.

Cuando Internet comenzó a desarrollarse, sin llegar a ser ni de lejos lo que es hoy en día, empezó a complicarse la tarea de recordar las direcciones IP de cada uno de los posibles destinos de la Red. Por ello se creó un sistema de asignación de nombres únicos a IP únicas. De esta forma surgió lo que hoy conocemos como DNS (*Domain Name System*, Sistema de nombres de dominio), que es lo que le permite poder escribir `http://www.google.com` en lugar de tener que escribir un código del tipo 216.239.59.104 (aunque también puede hacerlo si quiere y se acuerda del número; haga la prueba si quiere).

El sistema DNS se configura con dos nombres o subdominios:

- **Dominio principal:** Es el que se encuentra en último lugar en la dirección, a la derecha de la misma. Identifica la localización en la que se registra el equipo y se asigna uno a cada país del mundo, menos a los EEUU. De esta forma, España recibe el dominio `.es`, el Reino Unido recibe `.uk` y así todos los demás, siempre con una longitud de dos caracteres. En el caso de EEUU se asignaron dominios específicos para cada posible tema, pasando así a disponer de dominios como `.gov` para las instituciones gubernamentales, `.com` para las comerciales o `.net` para las organizaciones relacionadas con Internet. También son conocidos como dominios de alto nivel.

- **Dominio secundario o dominio registrado:** Son dominios que se comercializan y que las empresas o particulares pueden adquirir para que sean asignados a sus equipos. Se sitúan antes del dominio principal y no tienen limitación de caracteres, por lo que hay un número infinito de combinaciones posibles. Éstos son los que dan lugar a, por ejemplo, `www.nasa.gov` o `www.telefonica.com`.

De esta forma, gracias a que los nombres de dominio son mucho más fáciles de recordar (y que suelen coincidir, en todo o en parte, con la empresa o el servicio que buscamos), la navegación por la Red se hace mucho más sencilla. Con el sistema DNS que proporcionamos a nuestro ordenador, un servidor especializado del ISP, llamado servidor DNS, es el que guarda las relaciones entre cada uno de los posibles DNS y su dirección IP (y las actualiza diariamente), usando esta última para realizar la conexión en el último momento.

Por último está el término `www.` que aparece en cada una de las direcciones. De esta forma aparecen miles de combinaciones entre estos elementos que dan lugar a todas las páginas Web que usted conoce, desde la primera a la última siguen casi siempre este patrón de nombres.

Este término no es esencial ni obligatorio y, de hecho, no tiene por qué tener ese formato, sino que puede tener cualquier otro, si bien es el más habitual en Internet. Depende por completo de la máquina a la que nos conectemos y de los servicios que nos ofrece. Un ejemplo se puede encontrar en `http://labs.google.com`, un área del buscador Google que se encarga de desarrollar nuevas posibilidades de búsqueda.

Si tiene curiosidad por conocer la dirección IP de una de las páginas que visite habitualmente, puede hacerlo desde una ventana de MS-DOS desde Windows. No tiene más que situarse en la línea de comandos (detrás de `C:\>`) y escribir **ping,** seguido de la dirección de la página que busque.

Servidores y clientes

En cualquier red hay dos tipos principales de máquinas: las que tienen información y la reparten, y las que piden la información para usarla. Físicamente, sus diferencias no tienen por qué ser apreciables. Pueden tener la misma configuración y los mismos dispositivos. Las diferencias principales están en el software que utilizan. Mientras que las máquinas que contienen la información usan software de servidor, los equipos que solicitan y utilizan la información usan software de cliente. De ahí sus respectivos nombres. Internet no es ninguna excepción. Cada vez que utiliza un servicio de Internet desde su ordenador, está usando uno o varios servidores, que pueden ser servidores DNS (que vimos anteriormente), servidores Web, FTP, de correo electrónico y de muchos otros tipos que veremos más adelante con detalle.

La URL

La URL (*Uniform Resource Locator*, Localizador uniforme de recursos), se trata de una dirección de Internet. En realidad, una URL es la línea de texto completa que ve en la barra de direcciones del explorador o navegador cuando visita una página Web (la dirección de una página, en definitiva), y es muy raro encontrarlas fuera de los navegadores.

Su función es localizar cualquier tipo de documento en la Web, desde un archivo de texto a uno de audio, pasando por las propias páginas de un sitio Web.

La línea que compone la URL se puede descomponer en varias partes, que nos indican, si sabemos descifrarlas, características importantes de la dirección:

- **El prefijo:** Indica el tipo de servidor que estamos buscando. Si se trata de una página Web, será `http://`; si es una transferencia de archivos, será `ftp://`.

- **Nombre del servidor:** Establece el dominio y el servidor que estamos buscando. Es la parte que se encuentra después del prefijo y que tiene una estructura del tipo `www.google.com` (donde la extensión que aparece final puede ser la de cualquier dominio de la red).

- **Dirección del recurso:** Identifica el recurso concreto que estamos buscando en la página Web. En el ejemplo anterior sería `search?q=anaya&ie=UTF-8&oe=UTF-8&hl=es&lr=`, que identifica en ese caso la búsqueda que hemos realizado en el servidor http del dominio Google, identificado como comercial.

De esta forma, gracias a la URL podemos visitar con facilidad cualquier página de Internet que queramos consultar.

Es probable que si conoce Internet desde hace cierto tiempo haya notado cómo los TLD (*Top-Level Domain*, Dominios de alto nivel), es decir, los que se encuentran en la última parte de la derecha, como puede ser el `.com`, han cambiado. Ello se debe a una consulta que realizó el organismo encargado de estos asuntos para conseguir dinamizar la Red.

La principal razón hay que buscarla en que los dominios que acababan con .com se encontraban prácticamente agotados, probablemente por ser los más populares. Es por ello que se crearon nuevos dominios genéricos, del que destaca .info, cuyo objetivo es la información de interés general. En pos de los registros con fines personales, también se decidió conceder `.name`, que se destina a los nombres propios. Otros dominios que se habilitaron se refieren a museos o a la industria aeronáutica, y pueden llegar a tener más de tres letras. Como ve, Internet va creciendo en diversidad a medida que aumenta su popularidad.

La World Wide Web

De sobra conocida por todos los usuarios de la Red, es el servicio que más popularidad ha dado a Internet, principalmente desde el desarrollo del lenguaje HTML que permitió la creación de las ahora conocidas como páginas Web, donde era posible colocar todo tipo de información y dejarla a disposición del público con un formato mucho más gráfico y representativo que el que se utilizaba en ese momento. Desde el comienzo de su desarrollo, la expansión de la Web ha sido mucho mayor de lo imaginable, poniendo a nuestro disposición todo tipo de recursos e información que de otro modo costaría mucho tiempo, esfuerzo y, sobre todo, desplazamientos conseguir.

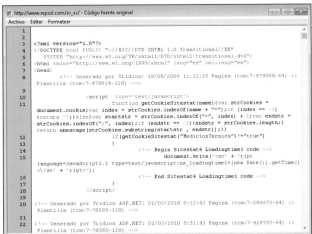

Técnicamente, las páginas que forman la Web se componen de textos con formato HTML (normalmente, aunque hay otras posibilidades), que contienen una serie de etiquetas y vínculos que son los que indican al cliente Web el formato que tiene que dar a la información contenida en esos textos.

El código HTML en sí mismo no incluye otra información que la de los textos, y los vínculos que contiene son los que hacen que luego se presenten en la página Web las imágenes, archivos de audio y otro tipo de documentos. Por eso, cuando nos falla la conexión a Internet durante el proceso de carga de una Web aparecen muchos mensajes de error en los lugares en los que tenían que haberse descargado estos elementos externos, que son los últimos que carga el navegador, después de los textos y las tablas.

Recuerde que los documentos de la Web siempre se encuentran en Internet bajo el prefijo `http://`, que identifica los documentos HTML transmitidos bajo el protocolo de hipertexto.

El correo electrónico

El conocido *e-mail*, o correo electrónico, es probablemente, por la cantidad de tráfico que genera cada día en Internet, el servicio más usado de la Red. Es un sistema de distribución de mensajes entre las personas que están integradas en el ciberespacio gracias a una serie de direcciones electrónicas preestablecidas, de igual forma que el correo tradicional transporta mensajes entre dos personas de cualquier parte del mundo gracias a unas direcciones físicas establecidas.

Hoy en día, tras las primeras etapas del correo electrónico en las que no era posible enviar algo que no fueran textos, las posibilidades de este servicio se han incrementado, de forma que ya resulta posible incluir en ellos textos con formatos enriquecidos (como de HTML, por ejemplo) y todo tipo de estilos, imágenes, audio o cualquier otro tipo de archivo que se quiera incluir con un mensaje, gracias a que los clientes de correo disponen de decodificadores y codificadores para convertir todos esos archivos adjuntos, del tipo que sean, en un formato adecuado para enviarlos por correo electrónico. Incluso una página Web completa se puede enviar por correo electrónico. De esta forma, gracias a la inmediatez de este

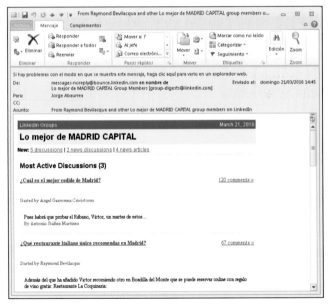

servicio y a la posibilidad de enviar mensajes desde páginas Web, sin necesidad de disponer de una configuración para el correo (como, por ejemplo, los servicios que ofrece Gmail o cualquier otro proveedor de correo Web), la fama del correo electrónico se ha extendido de tal forma que rara es la persona que hoy en día no dispone de una cuenta de este tipo.

Su funcionamiento es muy similar a lo que sería un apartado de correos como los que podemos encontrar en todas las oficinas de correos. El usuario contrata un servicio con un ISP, que le proporciona una cuenta de correo electrónico y los datos necesarios para acceder a ella desde su ordenador: la dirección de su servidor de correo saliente SMTP (*Simple Mail Transfer Protocol*, Protocolo simple de transferencia de correo), que tendrá el formato `smtp.proveedor.es`, por ejemplo.

A continuación la dirección de su servidor de correo entrante POP (*Post Office Protocol*, Protocolo de oficina de correo) que llevará como formato `pop3.proveedor.es`, y su cuenta de correo, con el pertinente formato `usuario@proveedor.es` (el dominio depende de la situación geográfica del proveedor), junto con una contraseña de acceso.

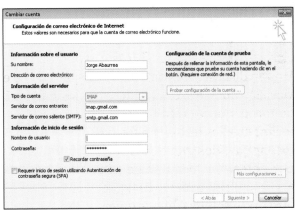

A partir de ese momento, el usuario procederá a configurar su cliente de correo electrónico, como Outlook o Thunderbird, con los datos proporcionados por el proveedor y podrá acceder en el momento en el que lo desee al servidor para descargar el correo que haya recibido en su ordenador. A partir de aquí sólo queda que consulte su correspondencia virtual y que actúe con ella de la misma forma que lo haría con la tradicional, sólo que de forma mucho más rápida.

El formato del correo electrónico

Uno de los elementos más singulares que Internet ha introducido en nuestra vida diaria es la famosa @, "arroba", y ha sido gracias a su uso en el correo electrónico.

Una dirección de correo electrónico se compone de varios términos, que identifican al usuario y al dominio en el cual el usuario dispone del acceso a su correo, separados por un carácter @ que sirve para que el cliente identifique con independencia al servidor y al usuario. De esta forma, una dirección del tipo `usuario@proveedor.com` indicará al cliente que debe buscar en primer lugar el dominio del servidor de correo proveedor y, una vez localizado, buscar allí al usuario.

Recuerde que, cuando establezca una cuenta de correo electrónico, no podrá usar espacios en blanco ni muchos de los caracteres especiales, como símbolos matemáticos, comillas, eñes, etc., ya que de hacerlo el servidor rechazará su petición. Use sólo los caracteres habituales.

La transferencia de archivos

Cada vez más usuarios envían grandes archivos a otros puntos de Internet, usando para ello uno de los servicios más antiguos y más sencillos de Internet. El sistema funciona como el explorador de Windows, por poner un ejemplo. Un usuario se conecta a un servidor FTP, desde el cual puede acceder a las carpetas y archivos que están contenidos en él. De esta forma puede modificarlos, copiarlos, borrarlos e incluso añadir más archivos desde las propias carpetas de su disco duro con sólo arrastrarlos a la carpeta del servidor FTP con el que ha conectado.

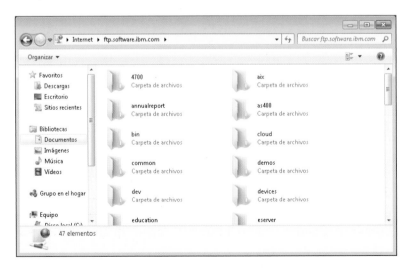

Por eso es por lo que, al compartir el funcionamiento del explorador de este sistema operativo, los más recientes clientes de transferencia de archivos mediante FTP están tomando un aspecto muy similar al de esta aplicación. De hecho, el sistema operativo Windows permite todavía acceder a un servidor FTP de la única forma en la que se podía hace

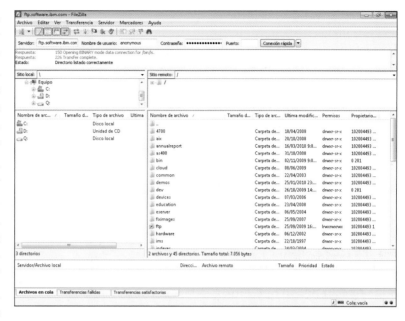

unos años. Es decir, permite iniciar una sesión con uno de estos servidores desde el símbolo del sistema, como si se tratara de una obsoleta sesión de MS-DOS.

El servicio FTP suele ser un servicio privado entre dos personas o entidades que tienen una relación entre ellas y permiten el acceso a sus servidores mediante una contraseña y un nombre de usuario que les identifica. Si no existe esa relación, no será posible realizar ningún tipo de transferencia. En algunas ocasiones se presentan excepciones, principalmente cuando se trata del denominado FTP anónimo, que permite a los usuarios acceder a servidores FTP que no exigen estar registrado como usuario ni disponer de una contraseña para tener acceso a sus contenidos.

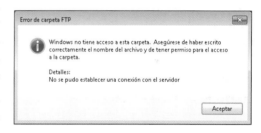

Las grupos de noticias (News)

La naturaleza del ser humano le lleva a compartir la información y a discutir sobre todo tipo de temas, causa principal de muchos tipos de conflictos a lo largo de la historia, pero también de todo tipo de logros (entre los que se puede considerar, sin duda alguna, el germen de lo que es Internet hoy en día). Internet no podía mantenerse alejado de esas discusiones, razón por la que se han desarrollado los llamados grupos de noticias, también conocidos en ocasiones como foros de debate o grupos de discusión.

Se trata de grupos clasificados por temas de la más diversa índole y que se encuentran situados en servidores dedicados, a los que acceden los usuarios que están interesados en cada uno de esos temas. De esta forma los usuarios acceden a los mensajes que otros usuarios envían a estos grupos y pueden contestarlos, creándose discusiones centradas en cada uno de esos temas.

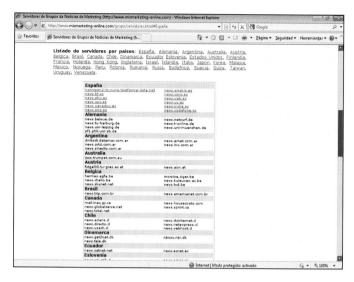

Desafortunadamente, ligerezas en el control de estos grupos de noticias han hecho que muchos de ellos se hayan convertido en foros de intercambio de información ilegal de todo tipo (pornografía, racismo, terrorismo y de muchos otros tipos), por lo que las autoridades que los controlan están poniendo mucho más interés en su control, restringiendo el acceso y los contenidos que pueden ser publicados.

 Uno de los primeros usos que se le dio a la Red fue como grupo de noticias entre los que serían posteriormente sus impulsores.

El chat

Las charlas en directo en Internet, o *chats*, tienen origen en un servicio conocido como IRC (*Internet Relay Chat*, Protocolo de comunicación instantánea) que establece conexiones en tiempo real entre usuarios que se encuentran en lugares comunes, habitualmente llamados salas de *chat*. En estas salas, organizadas también en función de diversos temas de interés, entran los usuarios interesados, que pueden establecer conversaciones con los usuarios que deseen, de manera privada o pública.

La conversación se mantiene por escrito, estableciendo una alternancia entre las frases que escribe cada uno de los usuarios, diferenciadas habitualmente con diversos colores o por medio de iconos que identifican a cada usuario al principio de la frase que ha enviado, de forma que en una conversación puedan intervenir más de dos interlocutores sin que se produzcan demasiadas confusiones con el origen de cada idea que surja.

Hoy en día, aparte del IRC original han surgido varias posibilidades de comunicación de este tipo, que permiten que dos o más usuarios se conecten para mantener una conversación, como pueden ser los denominados servicios de mensajería de empresas tales como Yahoo!, Skype o Microsoft. También es posible acceder a estos servicios desde diversas páginas Web, en las que se encontrarán las mismas posibilidades, pero que ofrecerán conexiones más lentas, al tener que cargar todos los servicios complementarios de la página, además de los servicios de chat.

Las videoconferencias

La videoconferencia, o transmisión de imágenes y sonido en directo a través de Internet con la ayuda de una cámara Web y un micrófono, es uno de los servicios que realmente produce menos tráfico en la Red. Cada vez son más las personas que establecen este tipo de "relaciones" a través de la Red, además de las sesiones de trabajo entre empresas separadas físicamente por mucha distancia.

Su uso se ha ido extendiendo, principalmente por la ventaja que supone ver al interlocutor al tiempo que se conversa con él. Para ello sólo necesita disponer de una cámara Web y un micrófono conectado a su ordenador, junto con una aplicación de software que permita hacer uso de estos dispositivos en una conversación (la mayoría de las aplicaciones de mensajería instantánea o de *chat* los admiten), de forma que envíe las imágenes que recoge la cámara al otro interlocutor.

El problema es que este servicio produce archivos de gran tamaño que han de ser enviados a través de la Red, lo que ralentiza enormemente el proceso de la transmisión, especialmente si se busca una calidad alta.

Gracias a tecnologías como las xDSL, es posible disponer de transmisiones mucho más fluidas y sin saltos.

Telnet

Uno de los servicios menos conocidos de Internet, al menos fuera de los círculos más técnicos, es Telnet (*TELecomunication NETwork*), que establece una sesión de control en un dispositivo remoto. Es decir, que permite que un usuario acceda a un ordenador distante y lo controle como si se encontrara frente a él.

Se trata de un sistema complicado de manejar y centrado en sistemas Unix, por lo que su desarrollo no se ha extendido. En cualquier caso, no debemos dejar de lado su conocimiento debido a que su aportación a la informática fue fundamental, ya que permitió que se pudiera trabajar en otro ordenador como si se estuviera directamente delante de él.

Es posible que haya utilizado este tipo de aplicaciones para poder consultar hace unos años el catálogo centralizado de la biblioteca de una universidad o para cosas más curiosas, como ver la película "La guerra de las galaxias" en un formato muy especial, un servidor que podrá encontrar desde la página que mostramos en la siguiente figura...

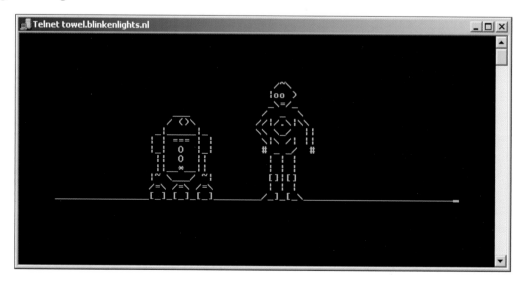

Gopher

Nos encontramos ante otra herramienta de Internet que en su tiempo fue de las más utilizadas para acceder a información y recursos. Lo que Gopher hacía era mostrar un menú que permitía realizar un número determinado de acciones, todo gracias a la arquitectura cliente-servidor en la que se apoyaba.

Este tipo de arquitecturas se basan en un ordenador que hace peticiones a otro, que es el encargado de resolverlas.

Es uno de los precedentes de la Web, de ahí el interés por mostrarlo en esta guía. Ello es debido a que también era un grupo de servidores Gopher interconectados los que se encargaban de mantener la información, de forma muy similar a como actúa en la actualidad Internet.

De la forma que detallamos en el párrafo anterior, y siempre a través del uso de menús predefinidos, se podía saltar de un equipo o servidor Gopher a otro hasta conseguir la información que estábamos buscando.

En la actualidad, Gopher se sigue utilizando en ciertos servidores que están gestionados por universidades u organismos gubernamentales. Otro de los términos que puede encontrar asociados a esta red es Veronica, que fue uno de los buscadores más extendidos dentro del sistema Gopher.

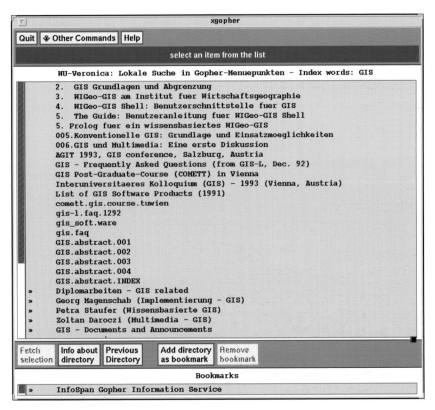

Capítulo 2
Cómo configurar
la conexión

Uno de los problemas más habituales con los que se encuentran los usuarios a la hora de enfrentarse a Internet por primera vez es el momento de establecer la conexión. En el capítulo anterior ha tenido la posibilidad de conocer los primeros pasos que dio Internet en su historia y parte de lo que fue la implantación de la tecnología en nuestro país. En éste seguiremos ahondando en los tipos de conexiones más habituales en la actualidad a la vez que vemos cómo realizar su instalación.

Lo que en un primer momento parece una tarea ardua y complicada esperamos que se convertirá, con nuestra ayuda, en algo sencillo y asequible. De lo que si debemos advertir es de que, en la actualidad, el número de opciones y tipos de conexiones del que dispone el internauta es amplio, por lo que la primera recomendación que podemos hacer (y probablemente la más útil) es que siga los pasos indicados por su proveedor de acceso. Muchos de ellos disponen de todo tipo de tutoriales interactivos que puede utilizar y que le serán de ayuda para automatizar la conexión. Como ya tuvimos ocasión de comentar en el apartado anterior, la evolución de Internet es prácticamente imparable, por lo que es posible que la tecnología que usted disponga no aparezca entre las que estudiamos. No debe preocuparse por ello, ya que el proceso de instalación no diferirá demasiado, en la parte de software, del que explicamos en las siguientes líneas, por lo que es más que probable que pueda aplicar los pasos que aquí relatamos.

 En el caso de que, después de haber seguido las instrucciones de su proveedor de acceso a Internet, siga teniendo problemas, la mejor opción pasa por utilizar los servicios de ayuda que encontrará en su página Web, y si sigue sin conseguir su objetivo, póngase en contacto con el servicio técnico del operador.

Un vistazo al acceso telefónico

El primero de los accesos a Internet que vamos a analizar puede que le sea desconocido si hace relativamente poco que se ha acercado a este mundo. Para los más experimentados será una tecnología más que conocida, ya que es una de las primeras que introdujo al gran público en lo que se conoce como la Red de redes.

El acceso telefónico a redes es aquel que utiliza la línea telefónica normal para conectarse a la Red, lo que también es conocido como el "par de cobre". Si ha escuchado en algún momento esta denominación, es posible que se haya preguntado por su origen. Éste es relativamente sencillo, ya que, si alguna vez ha tenido la oportunidad de pelar un cable telefónico, habrá visto que se compone de dos hilos de cobre.

Esta tecnología, como indicábamos, fue de las primeras que se utilizaron en España para proveer de Internet a la gran población, ya que lo único que se debía adquirir para su uso era un módem. Como puede ver en la imagen que acompaña a esta página, la velocidad de los accesos telefónicos a redes no es siempre la misma. En los primeros tiempos de Internet en España, la velocidad de las conexiones no solía superar los 14,4 kbps, velocidad que parece absurda frente a las líneas de ADSL de 20 MB actuales.

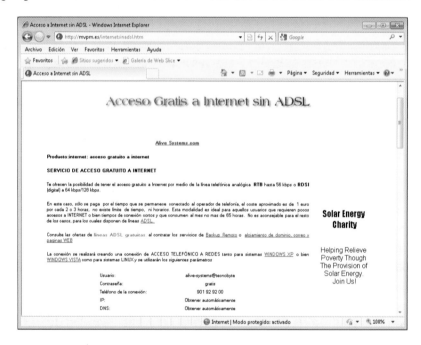

 La palabra módem viene de la unión de las palabras modulador y desmodulador. Ese aparato se encarga de convertir la información digital (el conjunto de unos y ceros que se esconde detrás de Internet), en ondas que se puedan transmitir a través de la línea telefónica tradicional.

En la actualidad, la mayoría de las compañías que siguen ofreciendo este tipo de acceso permiten velocidades de hasta 56 kbps, aunque algunos equipos permiten aumentar ligeramente esta velocidad gracias al uso de técnicas de compresión, basadas tanto en software como en la electrónica del propio equipo. Otra de

las tecnologías que se utilizan para el acceso telefónico a redes es la que se conoce como RDSI (Red Digital de Servicios Integrados), que también podrá encontrar como ISDN (*Integrated Services Digital Network*), sus siglas inglesas. Esta red permitía una mayor velocidad de conexión (hasta 128 Kbps) gracias al uso de dos líneas tradicionales integradas para aumentar la velocidad. Solían ser más habituales en oficinas que en viviendas particulares, aunque no eran pocos los usuarios que, ante la lentitud de descarga de las páginas Web, optaron por instalarlas en sus hogares, especialmente desde el momento en el que esas páginas Web comenzaban a ofrecer todo tipo de imágenes y vídeos, como veremos en el apartado correspondiente. Uno de los principales inconvenientes de este tipo de conexiones es que no permitían el uso conjunto de Internet con la línea telefónica, por lo que si se quería realizar una llamada, se debía desconectar el acceso a la Red a no ser que tuviéramos una línea RDSI ya que voz y datos no compartían canal sino que estaban separados. Otro de los problemas, es que tampoco permitían una creación de redes sencillas, ya que, al ser uno de los ordenadores de la Red el que se encargaba de gestionar la señal, debía permanecer conectado en todo momento. En cualquier caso, sigue siendo la opción más económica para conexiones ocasionales o si su único uso se basa en el envío y recepción de mensajes ligeros de correo electrónico, que no incluyan ficheros adjuntos de gran tamaño ni una gran cantidad de imágenes.

La velocidad de los equipos de acceso a Internet suele estar basada en la cantidad de información que son capaces de transmitir. En cualquier caso, debe tener en cuenta que las cantidades publicitadas son las velocidades máximas que podrá obtener, no las habituales durante su periodo de conexión.

Configuración de acceso

A pesar de que, como ya hemos señalado, es poco probable que llegue a utilizar este tipo de conexión, saber cómo instalarlo en su ordenador puede serle de gran utilidad, ya que, actualmente, casi todos los ordenadores (especialmente aquellos que son portátiles) incluyen el módem que podrá utilizar para realizar la conexión. Es por ello que no es descartable la opción de que lo utilice

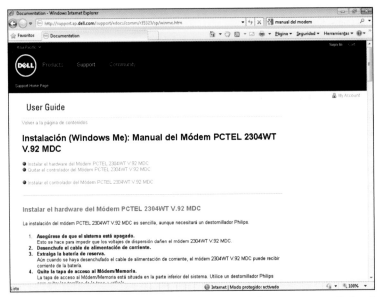

cuando no se encuentra en su lugar habitual de conexión a Internet (su casa, su oficina) y ésta sea la única opción que tenga a mano. Recuerde que mientras tenga activa esta conexión no podrá recibir ni realizar llamadas telefónicas.

 Si su ordenador dispone de un módem, la instalación física es muy sencilla. Simplemente deberá desconectar el cable de línea del teléfono y engancharlo en el lugar destinado a ello en su PC.

No olvide que el coste de este tipo de conexiones es similar al de una llamada telefónica, y que deberá tener contratada una cuenta de este tipo. Una búsqueda rápida en Internet le mostrará diversas opciones. Compárelas y seleccione la que mejor se adapte a sus necesidades. El primer paso que deberá dar para realizar la conexión es acceder al Panel de control de su ordenador. Para ello haga clic en el botón de Inicio y posteriormente en la opción Panel de Control que encontrará en el menú de la derecha.

Una vez allí deberá seleccionar la opción Ver el estado y las tareas de red para poder seleccionar, en la nueva pantalla, la opción Configurar una conexión o red en el menú Cambiar la configuración de red que podrá encontrar en la parte inferior derecha.

Antes de hacer clic puede ver la forma en la que se encuentra conectado su equipo a Internet en ese momento. Dentro de la tarea Configurar una nueva conexión o red puede dedicar unos minutos a analizar todas las opciones de las que dispone para conectarse a una red. Cubriremos la mayoría de ellas en este capítulo, aunque otras quedarán, por su nivel de especificidad, fuera del análisis.

 Todas las indicaciones que damos en este capítulo serán válidas si está utilizando Windows 7. Si utiliza una versión anterior del sistema operativo, los pasos variarán ligeramente de lo que aquí se muestra.

Para seguir con la instalación de su acceso telefónico a redes, deberá escoger la opción Configurar una conexión de acceso telefónico y hacer clic en **Siguiente**.

Recuerde tener a mano todos los datos que habrá obtenido de su proveedor, ya que los necesitará para completar el siguiente paso del proceso de instalación.

El último paso para crear la conexión de acceso telefónico es rellenar la ventana que aparecerá. Recuerde algunas cosas básicas, como escribir el número de teléfono sin espacios. Otra cosa importante es que el usuario de este tipo de conexiones no tiene que ser el mismo que el de su ADSL, así que asegúrese de que está incorporando la información correcta, ya que puede ahorrarse bastante tiempo.

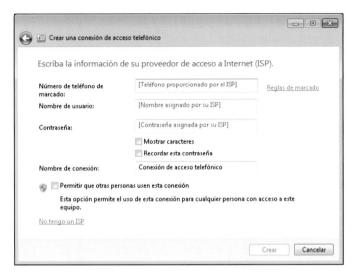

Una vez rellenada esta pantalla, ya tendrá creada su conexión a Internet. Para utilizarla, sólo deberá conectar el teléfono a la Red mediante un cable estándar, y hacer clic en **Conexión**.

No olvide que con este tipo de conexión tendrá la posibilidad de conectarse en cualquier lugar con una toma telefónica estándar, incluso en algunas cabinas de exterior que incorporan el conector adecuado.

Conexiones de red

Dentro de este apartado vamos a ver principalmente las tecnologías que utilizan un cable de red o cable Ethernet. Las principales conexiones de este tipo que podemos encontrar en España son las que corresponden a las líneas ADSL y a las que utilizan los operadores de cable.

Aunque en la actualidad ambas tecnologías también suelen ofrecer conexiones inalámbricas, sigue siendo habitual que éstas sean opcionales, pensadas para usuarios que disponen de más de un ordenador o para aquellos que utilizan un portátil para conectarse. Es por ello que trataremos las conexiones inalámbricas en un apartado posterior dentro de este mismo capítulo, centrando ahora mismo nuestra atención en las conexiones cableadas.

Lo primero que debe hacer con este tipo de conexiones es seguir los consejos que ya dimos anteriormente para las conexiones de acceso telefónico, además de instalar un módem o un *router* que suele ser suministrado por el proveedor.

Tras realizar la conexión física según las instrucciones del proveedor, deberá conectar el cable de red entre su módem y su equipo. Reconocerá con facilidad el lugar en el que debe hacer la conexión, ya que la clavija es prácticamente igual que la de un teléfono, sólo que más ancha y con más conectores.

Gracias a las últimas tecnologías en el entorno de las redes, realizar una conexión de este tipo es una tarea muy sencilla. Anteriormente habría tenido que configurar manualmente todas las opciones de la configuración, no sólo en su ordenador, sino también en el *router* que se disponía a utilizar.

Algunos proveedores utilizan un módem USB, por lo que si ése es su caso no tendrá necesidad de utilizar el cable al que hacemos referencia. En su lugar utilizará una conexión USB normal. Lo que sí le será útil es conocer los datos de ajuste de la conexión que tratamos en este apartado.

Una de las cosas más importantes que debe tener en cuenta en este momento es el servidor DHCP (*Dynamic Host Configuration Protocol*, Protocolo de configuración dinámica de cliente). Es probable que le suene curiosa la aparición de la palabra "cliente" en este contexto. Ello se debe a que la estructura de Internet es una de cliente/servidor, en la que cada ordenador es un cliente que se conecta a un servidor.

Vayamos ahora a meternos de lleno en el apartado de la configuración. Una vez que ha conectado el cable de red a ambos dispositivos, si todo ha ido bien, no tendría que hacer nada. Simplemente abra una página de su navegador Web y dispóngase a navegar. Si ve una ventana como ésta, seleccione la ubicación de la red. Su selección determinará los ajustes de seguridad que se aplicarán a esa red. Como puede observar, dispone de tres opciones. Veamos cada una en detalle.

- **Red doméstica:** Como su propio nombre indica, es una conexión adecuada si está conectándose desde su casa. Este tipo de configuración es el adecuado para crear una pequeña red local, ya que le permite ver otros equipos que pueda tener en su domicilio. También le resultará de interés si dispone de dispositivos en línea dentro de su red, como puede ser una impresora. Además, habilita la detección del equipo por otros elementos de la Red.

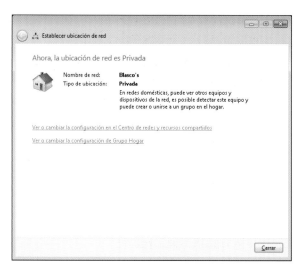

- **Red de trabajo:** Se trata de una configuración con unas características muy similares a la anterior sólo que centrada en entornos profesionales, ya que permitirá que su equipo se conecte a la red de la empresa.

- **Red pública:** Suele ser la más habitual de las conexiones inalámbricas, aunque también puede utilizarlas con cable en ciertos edificios, como las áreas de negocios de los hoteles y de determinados aeropuertos. La diferencia con respecto a las dos anteriores es que se aumenta el nivel de seguridad para que su equipo no esté en riesgo.

En la imagen puede ver el resultado de una configuración adecuada. Como ve, el nombre de red se establece automáticamente, a no ser que usted desee alterarlo o que venga impuesto por la red a la que se está conectando.

El tipo de ubicación siempre será Privada o Pública, según los puntos explicados anteriormente. En cualquier caso, siempre tendrá la oportunidad de modificar los ajustes por defecto. Si no está seguro de cuál es la configuración

adecuada, la mejor recomendación es que mantenga los valores por defecto, ya que son los más habituales entre los usuarios que han decidido utilizar el tipo de red que ha seleccionado. Por si necesita realizar un cambio, veamos algunas de las opciones.

- **Detección de redes:** Es más propio de las redes inalámbricas. Mantiene activa la comprobación de las redes disponibles.

- **Compartir archivos e impresoras:** Hace referencia a las carpetas compartidas (dispone de una por defecto en `Mis Documentos`). En lo relativo a impresoras, le permite utilizar aquellas que estén configuradas como compartidas.

- **Uso compartido de la carpeta pública:** Es la carpeta que acabamos de ver. Según la ubicación le interesará compartir determinados archivos, como puede ser el caso de una conferencia en un congreso.

- **Transmisión por secuencias de multimedia:** Especialmente útil si quiere mostrar un vídeo, un DVD o cualquier otro elemento multimedia al resto de los miembros de esa red.

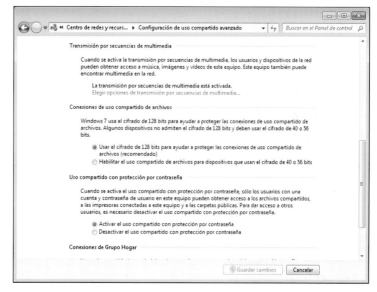

- **Conexiones de uso compartido de archivos:** Administra el nivel de seguridad que deben cumplir aquellos equipos que se conecten al suyo.

- **Uso compartido con protección de contraseña:** Exige la contraseña que haya definido para acceder a sus recursos compartidos.

- **Conexiones de Grupo Hogar:** Si sus equipos comparten los mismos usuarios y contraseñas, podrá trabajar en todos ellos de forma remota (siempre y cuando estén conectados).

Como ya indicamos, todas estas opciones son modificables. Debe tener en cuenta el riesgo que implica desactivar algunas de ellas. Si permite un acceso libre a su equipo, permitirá que usuarios malintencionados tengan acceso a todo su sistema, lo que puede tener consecuencias negativas.

Una vez que conoce cómo establecer una red cableada, veamos los detalles de ésta. Para ello deberá hacer clic en el nombre de su conexión en la parte derecha de la pantalla que mostramos al inicio de la página.

En la imagen de la derecha puede ver el resumen técnico de la conexión. Veamos lo que significan cada uno de los campos:

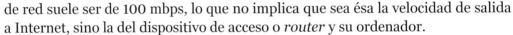

- **Conectividad IPv4/IPv6:** Indica qué versión del protocolo de Internet está utilizando. Suele ser habitual, como en la imagen, que la 6 sea limitada, ya que su implantación todavía no está muy extendida.

- **Estado del medio:** Si está utilizando la conexión aparecerá como Habilitado. En caso de que muestre Conectividad limitada o nula carecerá de acceso a ciertas funcionalidades.

- **Duración/Velocidad:** Aquí podrá conocer la duración de la sesión y la velocidad que está utilizando para la conexión. La normal en entornos de red suele ser de 100 mbps, lo que no implica que sea ésa la velocidad de salida a Internet, sino la del dispositivo de acceso o *router* y su ordenador.

- **Actividad:** Podrá conocer el volumen de datos que ha enviado y recibido durante la sesión en la que se encuentra. Insistimos en que los datos no son necesariamente los de salida a Internet.

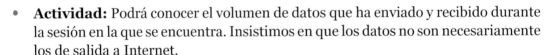

 Por sesión se entiende desde que enciende el ordenador hasta que lo apaga. En caso de que desconecte el cable de red o interrumpa voluntariamente la sesión, se iniciará una nueva, por lo que los datos volverán a contar desde cero.

Detalles de la conexión

Si quiere conocer más detalles específicos de su conexión de red, puede hacer clic en el botón **Detalles** que puede ver en la imagen anterior.

Así tendrá acceso a la pantalla de la derecha, donde se muestran con detalle todas las opciones de su conexión. Si en algún momento se encuentra con un problema y debe recurrir al servicio técnico de su proveedor, es más que probable que le soliciten los detalles de esta pantalla.

Conexiones inalámbricas

Gracias a la aparición de la tecnología inalámbrica, la realidad de Internet ha cambiado mucho en los últimos tiempos. Ya no es necesario disponer de una toma de red para acceder a Internet, sino que es posible hacerlo sin cables.

Actualmente, casi todos los ordenadores portátiles incluyen esta tecnología, lo que ha impulsado la aparición de puntos de acceso en todo tipo de lugares públicos.

Es probable que también haya oído hablar de Wi-Fi u 802.11. La primera de las denominaciones pertenece a la alianza de desarrollo, y la denominación numérica al estándar de comunicación. Según la velocidad que permita tendrá una letra, siendo las más populares b, g y n.

Lo primero que observará cuando tenga una red inalámbrica dentro del radio de conexión de su ordenador, es que en la barra de tareas, junto al reloj, aparece un icono similar al de la cobertura de los teléfonos móviles. Si sitúa el puntero del ratón encima, aparecerá el mensaje que puede ver en la imagen que acompaña estas líneas.

Para conectar, simplemente debe hacer clic sobre él. En ese momento le saldrán las redes que tiene al alcance.

Las redes a las que se podrá conectar se dividen principalmente en dos tipos, las redes libres o no seguras, y aquellas que tienen los criterios de seguridad habilitados. En el caso de las segundas, no lo sabrá hasta que intente conectarse a ellas.

Para utilizar este tipo de redes, deberá disponer de la contraseña que haya sido establecida por el administrador de la red.

También se encontrará en ocasiones con redes no seguras que le exigirán, mediante navegador, una contraseña para conectarse.

Éste suele ser el caso de los puntos de red públicos, como los que puede ver en hoteles y aeropuertos.

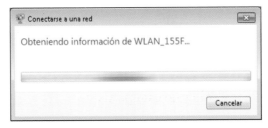

Para conectarse a cualquiera de las redes, simplemente deberá hacer doble clic sobre el nombre de la red seleccionada.

En el caso de que utilice una red con seguridad habilitada, tras hacer doble clic en el nombre de la red, verá el cuadro que acompaña a estas palabras. Allí deberá introducir el código de seguridad o contraseña que le permitirá el acceso. Una vez que lo haya insertado, deberá hacer clic en **Aceptar**.

En este proceso de conexión, se le ofrece la opción de almacenar esa red en el PC y de conectarse automáticamente a ella en futuras visitas.

Para saber que su conexión se ha realizado con éxito, mire en la barra de tareas. Debería ver un gráfico como el de cobertura de los móviles, como le mostramos a continuación en la siguiente figura.

También puede confirmar esta información desde el Centro de redes y recursos compartidos que se encuentra en el Panel de control.

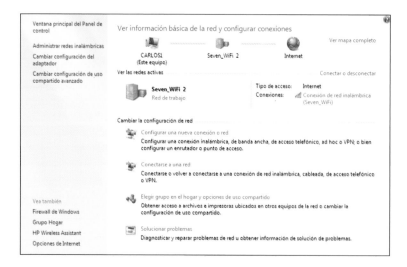

Conexión a un punto público

Como indicamos en páginas anteriores, es posible que se conecte a un punto de acceso público mediante el acceso a una red no segura. En esos casos, el acceso suele autenticarse mediante una contraseña y un código de usuario.

En este caso, el operador de la red del hotel o del punto de acceso suele ofrecer varias formas de pago para realizar la conexión o, incluso, como el proveedor de la imagen anterior, un tiempo de prueba gratuito.

También es normal que el acceso a determinadas páginas sea de carácter público, como aquellas de la propia red o de la localización en la que se encuentre instalada.

 Es posible que haya escuchado noticias sobre el acceso a redes públicas en los medios de comunicación que han acabado en detenciones de las personas que lo intentaban. En España, en la fecha de publicación de este libro, no es ilegal acceder a redes libres, ya que es responsabilidad de los usuarios cerrar la red. Sin embargo, en otros países y a consecuencia del auge de los ataques terroristas que, presuntamente, utilizaron redes abiertas, sí lo es. Entre esos países puede encontrar ejemplos no sólo en Europa, como es el caso de Reino Unido e Italia, sino también en Estados Unidos, donde las repercusiones son mucho más graves.

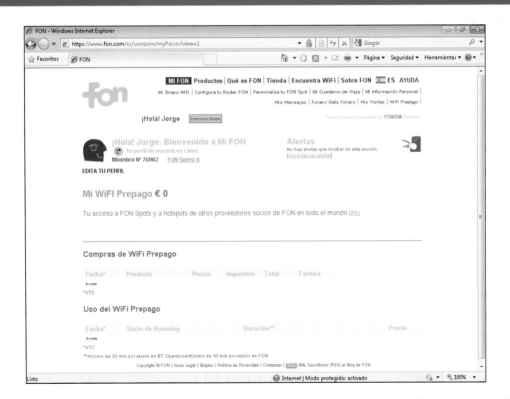

Capítulo 3
Navegadores

La tardía aparición de Microsoft en el mundo de Internet, después de un desinterés inicial, supuso el desarrollo de su cliente para páginas Web, al que denominó Internet Explorer, con el fin de competir directamente con el, hasta entonces, líder del mercado, Netscape Navigator.

Como casi siempre, la posición dominante de Microsoft en cualquier mercado se ha hecho una realidad, apoyada por la distribución de Internet Explorer en sus sistemas operativos Windows que, como resultado, le ha proporcionado una inversión del entorno que le ha llevado a su dominio, y ha dejado a Netscape Navigator en una posición de absoluta desventaja.

En cualquier caso, la estrategia de mercado de Microsoft no debe hacer desmerecer su producto. En Internet Explorer nos encontramos con un completo navegador, fácil de utilizar para todos aquellos que solamente quieran navegar por la Red, sin más complicaciones.

Sin embargo, también dispone de muchas opciones de configuración para todos aquellos usuarios un poco más avanzados que quieran llevar a cabo la configuración de la aplicación a su gusto.

Por lo tanto, al ser éste el explorador más utilizado en estos momentos para navegar por la Red, vamos a dedicar este capítulo a examinar un poco sus características más comunes y a aprender a usar sus funciones más interesantes para así aprovechar al máximo todas las posibilidades que nos ofrece.

Navegar por la Red

Vamos a comenzar a navegar por la Red, a movernos de página en página hasta encontrar lo que busquemos. La Web es como una enorme biblioteca en la que se puede encontrar prácticamente de todo. Para ello, un poco de paciencia y el uso de los vínculos adecuados suele ser la clave para visualizar en su pantalla aquello que desea.

Los vínculos

También conocidos como hipervínculos, son una de las formas que tiene para moverse de un sitio a otro mientras esté navegando por la Red. En realidad, los vínculos no dejan de ser sino enlaces hacia otras páginas Web u objetos.

Un vínculo puede estar representado por una línea de texto, una palabra o una sola letra, e incluso por una imagen, un botón o cualquier otro elemento que se pueda incluir en una página Web. Su aspecto no es lo que importa, sino la página que tiene asignada en su configuración.

Es decir, cada vínculo, independientemente de su aspecto, tiene asignado una URL. De esta forma, utilizando los innumerables vínculos que puede encontrarse en cualquier página Web, puede ir "saltando" página a página sin necesidad de conocer las URL de cada una de ellas.

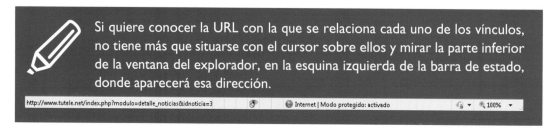

Si quiere conocer la URL con la que se relaciona cada uno de los vínculos, no tiene más que situarse con el cursor sobre ellos y mirar la parte inferior de la ventana del explorador, en la esquina izquierda de la barra de estado, donde aparecerá esa dirección.

http://www.tutele.net/index.php?modulo=detalle_noticias&idnoticia=3   Internet | Modo protegido: activado   100%

Avanzar y retroceder

A partir de este momento todo es muy sencillo. No tiene más que ir haciendo clic en los vínculos para localizar su destino y llegar hasta él.

Pero si por algún motivo no puede llegar hasta donde quiere, Internet Explorer pone a su disposición una serie de botones, denominados botones estándar, que le facilitarán la tarea de la navegación. Vamos a ver sus funciones.

- **Atrás:** Haciendo clic en él vuelve a la página anterior de su historial de navegación. También dispone de una lista desplegable en la que aparecen las últimas páginas que ha visitado. Haciendo clic en cualquiera de ellas vuelve a visitarla.

- **Adelante:** Si hace clic después de haber usado el botón **Atrás** irá a la siguiente página del historial de navegación. También dispone de una lista desplegable que funciona de igual forma que en el botón **Atrás**.

- **Detener:** Detiene la descarga de una página.

- **Actualizar:** Vuelve a cargar una página cuya carga se ha detenido por motivos de la Red o porque ha hecho clic en **Detener**.

- **Detener:** Paraliza la carga de la página que está mostrando en ese momento. Es de utilidad si ya está viendo la información que desea.

 Las barras de herramientas disponen de una serie de botones, aparte de los cinco mencionados, cuyas funciones veremos más adelante.

Si quiere configurar una página de inicio para su explorador, deberá hacerlo desde la barra de comandos, seleccionando Agregar o cambiar la página principal en el menú desplegable junto al icono. La primera opción que tendrá será utilizar la página en la que se encuentra como página de inicio y la segunda añadirla a las pestañas de página principal en el explorador.

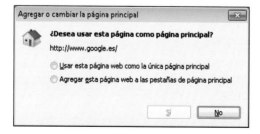

Errores en las páginas

No es extraño encontrarse con errores en la carga de las páginas durante la navegación, por lo que debe conocer sus posibles causas.
El error más habitual indica que "No se puede mostrar la página". Puede aparecer por varias causas:

- No disponer de una conexión que se encuentre activa a Internet cuando se quiere cargar la página.

- Haber escrito mal la URL en la barra de direcciones.

- El servidor en el que se encuentra la página está apagado o ha perdido el servicio.

Además es posible recibir otros mensajes de error:

- Si no dispone de permiso para visualizar una página, se mostrará el mensaje "*Forbidden*" (Prohibido).

- Si el servidor no reconoce la página puede mostrar el mensaje "*Page not found*" (Página no encontrada), por lo que deberá revisar la dirección que ha introducido o la dirección del vínculo que ha seleccionado.

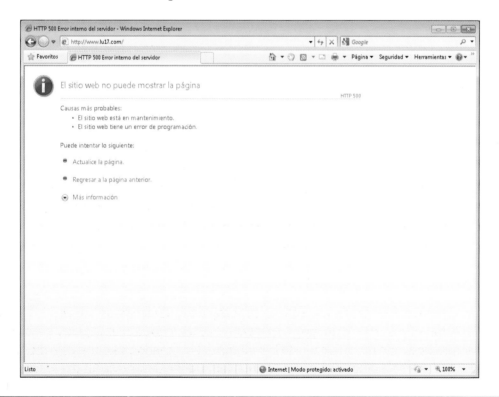

Múltiples ventanas

Una vez iniciado en el proceso de la navegación puede intentar navegar en varias ventanas al mismo tiempo. De esta forma agilizará su experiencia en Internet, ya que podrá ver una página mientras otra, u otras, se están cargando.

Para poder navegar de esta forma debe abrir varias ventanas en su navegador. Tiene varias opciones:

- Puede hacerlo desde la barra de comandos de Internet Explorer, en Pagina>Nueva Ventana.

- Otra opción consiste en presionar la combinación de teclas **Control-N**.

- Puede hacerlo desde un hipervínculo. En lugar de hacer clic sobre él, debe hacer clic con el botón derecho del ratón y seleccionar Abrir en una nueva ventana.

- También puede mantener pulsada la tecla **Mayús** y hacer clic en el vínculo con el ratón.

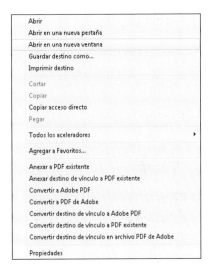

Con cualquiera de estos métodos conseguirá que se abra una ventana nueva en su explorador, que contendrá una copia exacta de la página en la que se encontraba cuando realizó la acción, excepto en el caso en el que haga clic sobre un hipervínculo, en cuyo caso se abrirá la página a la que se dirige ese enlace.

Uso del historial

Navegar por la Red acabará llevándole a cientos, probablemente a miles de páginas si lo hace muy a menudo. Siendo conscientes de que es imposible acordarse de todas esas páginas y de que, en muchas ocasiones, necesitará volver a visitar una página para revisar algún dato o para utilizar alguno de sus vínculos, los programadores de esta aplicación han puesto a su disposición los denominados historiales.

Hay tres posibilidades de uso del historial:

Navegación lineal

Se incluye en los botones **Atrás** y **Adelante** de barra de herramientas de botones estándar, como vimos anteriormente. Le permite acceder a las últimas páginas que ha visitado, siempre y cuando no haya cerrado la ventana del navegador, ya que en ese momento se pierden todos los vínculos de las páginas que ha visitado durante la última sesión.

Puede usar la navegación lineal haciendo clic en el botón **Atrás** para ir retrocediendo una a una por las páginas que haya visitado, o haciendo clic en el botón **Adelante**, (siempre que haya usado el botón **Atrás**) de forma que volverá a la página visitada con anterioridad dentro de la sesión.

También es posible usar este historial usando la lista desplegable que contiene. Para ello, no tiene más que hacer clic en el botón de control de flecha para que se despliegue un menú que contiene todos los accesos a cada una de las páginas que ha visitado durante su última sesión de navegación. Allí podrá seleccionar cualquiera de las páginas, sin necesidad de hacerlo linealmente, para llegar inmediatamente hasta la deseada.

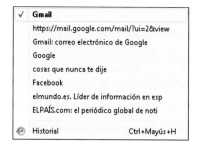

La barra de direcciones

El segundo historial que Internet Explorer pone a su disposición se encuentra en la misma barra de direcciones. A medida que escriba direcciones URL de las páginas que visita, éstas quedan almacenadas en un historial al que podrá acceder posteriormente.

Para acceder a las direcciones contenidas en este historial no tiene más que hacer clic en la flecha que se encuentra en el extremo derecho de la barra de direcciones, junto al botón **Actualizar**. Al hacerlo se abrirá un menú desplegable que contendrá todas las direcciones visitadas, donde podrá elegir con el ratón una página haciendo clic sobre ella o moviéndose hacia arriba o hacia abajo con las flechas de dirección del teclado. Debe recordar que, entre estas direcciones, sólo aparecerán las que haya introducido manualmente en la barra de direcciones y sobre las que haya presionado **Intro** para acceder a ellas.

Las páginas introducidas en la barra de direcciones que hayan dado errores no se almacenarán en este historial.

La barra de herramientas ofrece una segunda opción para las direcciones, la de Autocompletar. Esta opción permite que Internet Explorer recuerde las direcciones que ha introducido y, mientras está introduciendo una nueva, le ofrece una lista desplegable con todas las opciones almacenadas que coincidan con los caracteres que ha introducido hasta el momento. Para activar la función Autocompletar debe dirigirse a Herramientas>Opciones de Internet>Contenido>Autocompletar, y allí seleccionar las ocasiones en las que quiere que funcione esta opción.

 Debe tener cuidado con las opciones de la función Autocompletar, puesto que pueden recordar las contraseñas que introduzca, lo que puede ser aprovechado por algún otro usuario del PC para acceder a contenidos restringidos.

El historial del navegador

La última opción que ofrece Internet Explorer para recordar las páginas que ha visitado es el historial del navegador, que sin duda es la más completa de todas. Este historial almacena todas las direcciones que visite durante un periodo de tiempo determinado, que puede configurar a su gusto.

Para poder acceder al historial tiene diversas opciones:

* Hacer clic en el botón **Favoritos** de Internet Explorer.

* Usar la combinación de teclas **Control-H**.

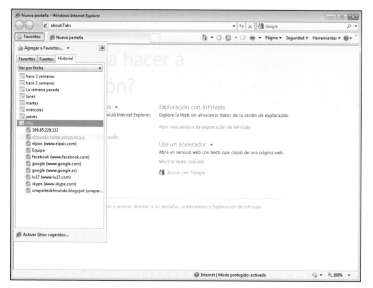

* Utilizar las Herramientas>Barras del explorador>Historial.

En cualquiera de estos tres casos se abrirá una ventana en la parte izquierda de su pantalla en la que podrá encontrar una completa lista con todas las direcciones que ha estado visitando.

Configuración y administración

El historial de Internet Explorer permite realizar ciertas acciones con los vínculos que presenta, por lo que posibilita de esta forma que los administre a su gusto. Vamos a ver cuáles son estas opciones.

Al iniciar el historial, se presenta una lista de las URL de las páginas, organizadas según las fechas en las que han sido visitadas. Sólo tiene que hacer clic en cada una de las carpetas para que se expandan. Dentro aparecerán una serie de carpetas correspondientes a cada uno de los sitios Web, que contienen todas las páginas de cada uno de ellos.

Si hace clic con el botón derecho del ratón sobre estas direcciones, podrá ver las opciones que tiene para administrarlos:

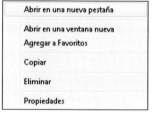

- **Abrir en una nueva pestaña:** Le permite abrir el vínculo en la ventana activa, dentro de una pestaña nueva.

- **Abrir en una ventana nueva:** Abre el vínculo en una nueva ventana del explorador.

- **Agregar a Favoritos:** Añade a sus favoritos la dirección de la página seleccionada.

- **Copiar:** Copia la dirección en el portapapeles de Windows.

- **Eliminar:** Borra la dirección del historial.

- **Propiedades:** Presenta las propiedades de la URL.

Además, el historial nos permite clasificar las páginas en función de una serie de criterios predeterminados que aparecen en una lista desplegable en la parte superior derecha, en el botón con el mismo nombre:

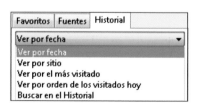

- **Ver por fecha:** Presenta las fechas en orden cronológico.

- **Ver por sitio:** Las presenta en función de los sitios Web a los que pertenecen.

- **Ver por el más visitado:** Presenta desde la página más visitada a la menos visitada.

- **Ver por orden de los visitados hoy:** Presenta en primer lugar la más recientemente visitada.

Administrar y conservar las imágenes

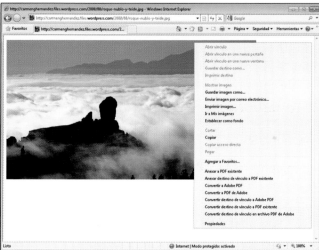

Una de las grandes ventajas que ofrece la navegación por Internet es la posibilidad de ver imágenes junto con los textos. En este sentido, Internet Explorer ofrece diversas opciones para actuar con esas imágenes. De hecho, una de las características que mantiene esta versión de Internet Explorer se relaciona con la visualización de las imágenes. Gracias a ella, cuando descargue una imagen cuyo tamaño sea superior al de la ventana del explorador, ésta reducirá de manera automática su tamaño para ajustarse al de la ventana, de forma que siempre vea la imagen completa. Si quiere ver la imagen a su tamaño original, no tiene más que hacer clic sobre la imagen y observará cómo la lupa cambia para que, al volver a hacer clic en ella, la imagen vuelva a su tamaño original, aunque supere el tamaño de la ventana. Para conocer las demás opciones que tendrá a la hora de trabajar con imágenes, puede hacer clic con el botón derecho sobre cada una de ellas. En ese momento aparecerán una serie de opciones con varias de las posibles acciones que se pueden realizar con la imagen. Éstas son:

- **Guardar imagen como:** Podremos seleccionar el lugar de nuestro disco duro en el que guardar una copia de la imagen descargada.

- **Enviar imagen por correo electrónico:** Envía la imagen por correo electrónico a una dirección determinada.

- **Imprimir imagen:** Imprime e manera automática mediante el dispositivo de impresión predeterminado.

- **Ir a Mis imágenes:** Abre la carpeta Mis imágenes de Windows.

Las otras opciones de las que dispone en el menú del botón derecho del ratón sobre la imagen seleccionada son:

- **Mostrar imagen:** La imagen se cargará de nuevo en caso de que se haya detenido su carga.

- **Establecer como fondo:** Hace que la imagen aparezca como fondo del escritorio de Windows.

- **Agregar a favoritos:** Agrega la imagen a la ruta de favoritos.

Búsqueda en las páginas

La primera de las opciones de búsqueda que ofrece Internet Explorer es la de buscar cadenas de texto en las páginas Web que ha cargado en el explorador. Esta función resulta muy útil para localizar alguna palabra o un texto concreto en una página.

Para utilizar esta función dispone de dos opciones. Puede pulsar la combinación de teclas **Control-F** o dirigirse al menú de búsquedas que se encuentra en la parte superior derecha. Con la primera opción se abrirá un cuadro de diálogo llamado Buscar en el que se encontrará con una serie de campos, que podrá utilizar para restringir la búsqueda que va a realizar en la página Web:

- **Buscar:** Es el campo en el que tenemos que introducir la cadena de texto que hay que buscar.

- **Buscar siguiente:** Haga clic en este botón para que se le presente la siguiente opción encontrada.

- **Palabra Completa:** Úselo para forzar al explorador a que busque únicamente palabras completas.

- **Mayúsculas/Minúsculas:** Actívelo para forzar la coincidencia de mayúsculas o minúsculas en la cadena de búsqueda.

- **Resaltar todas las coincidencias:** Destacará en la página todas las apariciones de la palabra que ha buscado.

El menú de la parte superior derecha no sólo le permitirá restringir las búsquedas que realice a los contenidos de la página Web en la que se encuentra en ese momento, sino que también las hará sobre el buscador que tenga definido por defecto. Si no ha alterado esta opción utilizará Bing, el buscador de Microsoft.

En cualquier caso puede utilizar la opción Buscar más proveedores para cambiar el menú en el que se realizarán las búsquedas. Aprovechar esa opción optimizará el tiempo dedicado a realizar indagaciones en la Red.

La barra de favoritos

Existe una opción ofrecida por Internet Explorer para que administre sus vínculos. Es la llamada barra de favoritos, que se encuentra situada en la parte superior del explorador, bajo la barra de herramientas de botones estándar.

Es posible arrastrar a ella cualquier vínculo desde la barra de direcciones, y éste quedará allí ubicado en forma de botón, para que pueda utilizarlo en cualquier momento y acceder a la URL relacionada.

No olvide tener en cuenta también que la barra de vínculos dispone de un espacio limitado. Es por ello que en este apartado sólo debe incluir los enlaces que visite con mayor asiduidad.

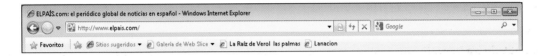

 Acostumbrarse a utilizar la barra de favoritos le ahorrará mucho tiempo para acceder a las direcciones Web que visite con más frecuencia. Mediante su organización podrá tener perfectamente planificadas cada una de las áreas de actuación de su trabajo diario o de su ocio.

Navegación segura

Internet Explorer brinda la posibilidad de establecer niveles de seguridad predeterminados que controlan las posibles intrusiones y los elementos que se ejecutan en su sistema mientras está navegando. Para establecer las opciones de seguridad de su sistema deberá acceder desde la siguiente ruta: Herramientas>Opciones de Internet>Seguridad.

Allí encontrará diversas opciones que, debido a su complejidad, no pueden entrar completamente en el contenido de este libro, por lo que le recomendamos que las explore con tranquilidad y establezca la configuración que le resulte más adecuada a sus necesidades de navegación.

La competencia de Microsoft

A pesar de haber tenido prácticamente la hegemonía del mercado, Internet Explorer no es el único navegador entre nosotros. Ni siquiera es el primero en disputa, como ya comentábamos en el capítulo anterior, cuando hacíamos referencia a la entrada tardía de Microsoft en el mundo virtual de Internet. En este capítulo vamos a estudiar los otros navegadores que hay en el mercado, esencialmente Mozilla Firefox, heredero de Mosaic, el primer navegador, o Chrome, la apuesta de Google en el mundo de los navegadores. La mayor parte del capítulo nos centraremos en el análisis de Mozilla Firefox, un navegador de código abierto que se está situando como el segundo más utilizado en la Red, y que fue creado gracias al código (también abierto) de otro navegador, Netscape.

El objetivo principal de las líneas que siguen es brindarle un amplio conocimiento de otras de las herramientas que podrá utilizar en su relación con Internet, para que luego pueda decidir cuál es la más adecuada y la que mejor se adapta a sus necesidades. En cualquier caso, debemos prevenirle de que algunos programadores no tienen en cuenta otros programas, por lo que su navegación puede resultar algo más tortuosa y complicada en casos determinados si no es usuario de Internet Explorer.

Una aplicación de código abierto es aquella que se desarrolla bajo la filosofía de que todos sus usuarios puedan ver su código, es decir, sus "tripas". Lo que se busca es que todo el mundo pueda conocer a fondo el programa para así poder colaborar en su desarrollo y evolución.

Cómo instalarlo

Como ya adelantábamos en el apartado anterior, el primer navegador del que nos vamos a ocupar es la versión Firefox de Mozilla. La instalación de Firefox es sencilla, como casi todas las aplicaciones. Para disponer de la última versión, la mejor solución es dirigirse a http://www.firefox.com, donde, desde el área **Descarga gratuita**, podrá descargar la última versión de la aplicación.

No se asuste, ya que la aplicación se encuentra traducida al castellano, razón por la que no se encontrará con ningún problema para comenzar a utilizarla.

Para poder completar la instalación satisfactoriamente, deberá elegir entre almacenar la aplicación en su disco duro o ejecutarla directamente.

 En el momento de escribir este libro, la versión más reciente de Firefox es la 3.6.3, que es la que se ha utilizado para el desarrollo de este capítulo.

Apariencia de la aplicación

La estructura de la ventana principal de Firefox sigue la estructura habitual de los navegadores, dividiéndose en diversas secciones que pueden facilitar la navegación y encontrar prácticamente cualquier página que necesite. Vamos a ver sus diferentes apartados:

- **Barra de menús:** Contiene los menús que permiten trabajar con todas las opciones de Mozilla.

- **Barra de navegación:** Con controles básicos de la aplicación: **Atrás**, **Adelante**, **Actualizar página**, **Detener**, **Inicio**, junto al cuadro de texto en el que introducir las direcciones de las páginas.

- **Barra de marcadores:** Incluye los accesos directos a aquellas páginas más utilizadas por el usuario. Al igual que el resto de las barras de herramientas, es prácticamente definible o adaptable en su totalidad por el usuario.

- **Ventana de contenidos:** Es la ventana en la que se presenta el contenido de las páginas Web.

- **Barra de estado:** Muestra la información de la carga de la página, junto con iconos que le informan del estado de la conexión, la existencia de *cookies* y la seguridad de la página.

Como puede ver, la mayoría de los elementos coinciden con los que ya hemos desarrollado en el análisis del navegador de Microsoft. Sigamos viendo el resto de sus características.

Exploración de la Red

La navegación en Firefox se lleva a cabo de manera muy parecida a la de cualquier otro explorador. Los hipervínculos son los elementos fundamentales, ya que le permiten saltar de una página a otra sin conocer sus direcciones. Como siempre, no hay más que situarse sobre ellos y hacer clic para que el navegador cargue la página relacionada con el vínculo. La principal diferencia que notará respecto al navegador de Microsoft es que la navegación en ciertas páginas puede no ser del todo fluida, debido a que los programadores no han usado código estándar.

La barra de navegación es la que le permite controlar los diversos aspectos del trabajo con las páginas, gracias a los botones que incluye, que presentan las siguientes funciones básicas:

- **Ir a la página anterior y siguiente:** Permiten la navegación lineal entre las páginas visitadas, desplazándole a la página anterior o a la siguiente, además de presentar una lista desplegable en la que podrá escoger directamente la página a la que quiere acceder.

- **Recargar esta página:** Actualiza una página cuya descarga se ha detenido por cualquier motivo, mostrando de nuevo todos sus elementos.

- **Parar la carga de esta página:** Detiene el proceso de carga de una página en el caso en el que sus contenidos no sean los que se necesitan, o bien por cualquier otra causa.

- **Inicio:** Carga la página que se haya definido como inicial.

- **Cuadro de direcciones:** Es el cuadro de texto en el que se deben introducir las direcciones de las páginas que se quiere visitar.

- **Cuadro de búsqueda:** Se trata de otro cuadro de texto que le permite realizar una búsqueda en cualquiera de los sitios Web que tiene definidos. Entre ellos puede elegir, por ejemplo, Google, la RAE o eBay.

Gracias a los diversos controles de esta barra podrá desplazarse sin problemas por el espacio de Internet, visitando todas las páginas que necesite.

Archivo de marcadores

Los marcadores en Firefox son exactamente lo mismo que los favoritos en Internet Explorer. Permiten almacenar las direcciones de las páginas que considere más interesantes, y disponer de ellas en el momento que las necesite.

Su uso es muy similar a la herramienta de Microsoft. Lo primero que debe hacer es agregar los marcadores que necesite utilizar para agilizar y mejorar su navegación. Para ello dispone de varias opciones:

- Presionar la combinación de teclas **Control-D**.

- Hacer clic con el botón derecho del ratón en la ventana de contenidos y seleccionar Añadir esta página a marcadores en el menú desplegable que aparece.

- Seleccionar el menú Marcadores>Añadir esta página a marcadores.

- Arrastrar la dirección de la página desde la barra de direcciones hasta la barra de marcadores.

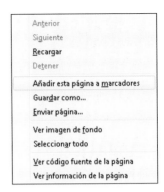

 Si dispone de Internet Explorer en su ordenador y tiene una carpeta de favoritos, puede importarla a Firefox mediante Archivo>Microsoft Internet Explorer.

En cualquiera de los casos podrá organizar los marcadores a su gusto, creando carpetas en las que distribuirlos por temas. También puede trabajar con los marcadores haciendo clic en el botón derecho del ratón sobre ellos, con lo que se abrirá un cuadro de diálogo que le permite disponer de una serie de opciones: abrir, abrir en una ventana nueva, cortar, copiar, pegar, eliminar o cambiar el nombre de los marcadores, crear una nueva carpeta, ver las propiedades e incluso abrir un cuadro donde organizar los marcadores.

 Otra opción consiste en agregar un marcador sin abrir la página con la que se vincula. Para ello debe situarse sobre un vínculo de una página que le parezca interesante y seleccionar Añadir este enlace a marcadores en el menú desplegable al hacer clic con el botón derecho del ratón.

Páginas visitadas

El historial es un registro de las páginas Web visitadas en las últimas sesiones de navegación. Firefox le permite acceder a este registro para poder gestionar este historial o seleccionar cualquiera de los vínculos que almacena para acceder de nuevo a la página Web que le interesa. Toda página que haya sido abierta con Firefox tendrá su dirección almacenada en este historial. Como puede observar, sigue la misma línea que el historial del que disponía en Internet Explorer.

Todos los archivos del historial se presentan en una nueva barra lateral, organizados en carpetas que se pueden ordenar en función del día en el que se realizó la visita al sitio, agrupados según los sitios Web a los que pertenecen, y también se pueden ver sin orden alguno, agrupándose todos ellos en una gran lista de direcciones.

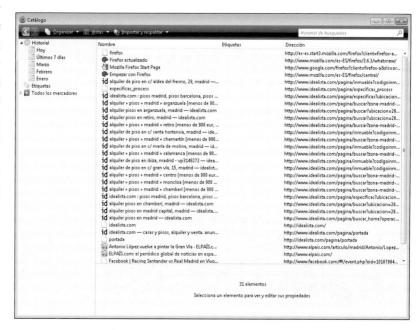

También podrá trabajar con las direcciones que aparecen en ellas, haciendo clic sobre la dirección con el botón derecho del ratón y seleccionando una de las opciones que se ofrecen:

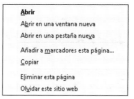

- **Abrir:** Abre la dirección del enlace en la ventana activa.

- **Abrir en una ventana nueva:** Abre la dirección del enlace en una nueva ventana del navegador.

- **Abrir en una pestaña nueva:** Abre la dirección del enlace en una nueva pestaña del navegador.

- **Añadir a marcadores esta página:** Guarda la dirección del enlace en los marcadores de Firefox.

- **Copiar:** Copia la dirección del enlace al portapapeles de Windows.

- **Eliminar esta página:** Elimina la dirección de la carpeta historial. Tras eliminarla, no podrá volver a saber que se conectó ese día a esa página Web, ya que no se mantendrá la entrada.

- **Olvidar este sitio web:** Elimina todas las referencias al sitio del historial.

Buscar en la Red

Ningún navegador sería completo sin algún tipo de herramienta de búsqueda, y Firefox es de los más completos en este aspecto. Esto se debe a que el navegador de Mozilla, entre sus opciones, incluye más de una posibilidad de búsqueda que puede llegar a facilitarle enormemente la tarea de encontrar elementos en Internet. Vamos a ver las distintas formas de búsqueda de elementos que ofrece Firefox.

Buscar en una página

Firefox le ofrece la posibilidad de encontrar un texto o una cadena de texto en la página que tenga en ese momento descargada en su navegador. Para ello debe hacer clic en el menú Editar y luego seleccionar Buscar. De esta forma, se abrirá una barra inferior llamada Encontar, en el que podrá proceder a ajustar las opciones de búsqueda del texto que necesite. La barra inferior le presenta varios elementos que le permiten controlar las opciones de búsqueda:

- **Encontrar:** Campo en el que se introduce la cadena de texto que se desea buscar.
- **Siguiente:** Muestra la siguiente aparición de la cadena de texto.
- **Anterior:** Invierte el sentido de la búsqueda.
- **Resaltar todo:** Destaca en el documento todas las ocasiones en las que aparece la cadena de búsqueda.
- **Coincidencia de mayúsculas/minúsculas:** Fuerza a que se tenga en cuenta las mayúsculas y las minúsculas que aparecen en la cadena de búsqueda.

Esta opción resulta de gran utilidad en el momento en el que queremos encontrar un término exacto en la página. Lo habitual es que, primero, acudamos a un buscador para localizar la página y, posteriormente, hagamos uso en el navegador de la opción que acabamos de analizar.

Búsquedas en Internet

La mayor parte de las búsquedas que pueden realizarse con Firefox se llevarán a cabo en Internet, por lo que siempre es útil disponer de una herramienta de búsqueda en la Red incluida en el navegador. De hecho, Firefox incluye más de una posibilidad de búsqueda. Para acceder a ellas, utilizaremos la opción que se muestra a la derecha del campo que utilizamos para introducir la dirección. Serían las siguientes:

- **Google:** Probablemente el buscador más potente de la Red en este momento. Introduciendo el término deseado en el campo de texto, recibirá los mismos resultados como si hubiera realizado la operación desde la página principal del buscador.

- **Yahoo:** Otra opción a utilizar en el caso de que prefiera este buscador a Google. La forma en la que se utiliza es la misma que se detalló en el punto anterior.

- **Creative Commons:** Buscador de imágenes y otros materiales distribuidos bajo esta licencia, principal alternativa a los derechos de autor tradicionales.

- **DRAE:** Acceso directo al buscón del diccionario de la Real Academia Española. Simplemente, deberá introducir la palabra para conocer el significado que le atribuye el diccionario.

- **eBay:** El sitio de subastas más importante de Internet. Introduzca un artículo y podrá acceder a las opciones que se estén subastando en ese momento.

- **Wikipedia:** La mayor enciclopedia colaborativa del mundo. Gracias a ella tendrá acceso al conocimiento aportado entre miles de cibernautas.

Firefox también permite elegir el buscador que desee utilizar en el caso de que no se encuentre entre las opciones que incluye por defecto. Para ello sólo debe seleccionar la opción Administrar motores de búsqueda y será transferido de manera automática a un sitio Web en el que se le ofrecen todas las opciones posibles.

Además de algunas de las opciones que ya detallamos anteriormente, también podrá acceder a los códigos de acciones bursátiles a través de Google, o a un diccionario urbano de términos en inglés. Como puede observar, son una miríada las opciones que dispone para encontrar con bastante facilidad todo lo que necesite de la Red. Haciendo un uso inteligente de esta herramienta, logrará que su experiencia de usuario en la navegación por Internet sea más fluida.

El navegador de Google

Una de las apariciones más importantes surgidas a finales del 2008 fue la incursión de Google en el mundo de los navegadores, a través de Chrome. Este desafío fue el punto culmen de lo que muchos expertos vieron como una guerra abierta a Microsoft, al que ya había "desafiado" con el lanzamiento de su suite de ofimática (Google Documents). Chrome es un navegador que se caracteriza por estar totalmente integrado con el buscador, además de por ser uno de los más rápidos y que menos recursos consume de los que se encuentran actualmente en la red.

Instalación

Para descargar este navegador, puede dirigirse al sitio oficial en la dirección de Internet `http://www.google.es/chrome`. La instalación, como ya hemos visto con Firefox, es rápida y sencilla, por lo que no le llevará más que unos pocos clics.

 En el momento de escribir estas líneas, el navegador de Google se encontraba en la versión 4.1.249.1045.

Características de Chrome

Como no podía ser de otra forma, el navegador de Google ofrecía una serie de características que, de primeras, lo posicionaban de forma ventajosa contra su competencia. Veamos las principales.

Velocidad

La menor necesidad de recursos del navegador hace que se inicie de forma prácticamente instantánea, tras hacer doble clic en su icono de acceso directo. Además, el uso de un motor llamado WebKit hace que la carga de las páginas sea mucho más rápida. Por último, otro motor específico para trabajar con el código JavaScript (que se encuentra en muchas páginas Web) hace que las aplicaciones trabajen de forma más óptima.

Sencillez

A pesar de que puede estar acostumbrado a trabajar con Internet Explorer, en cuanto se enfrente a este navegador le parecerá que lo ha estado usando toda la vida. Su ventana de navegación es muy clara y sencilla, lo que, apoyado por la navegación en pestañas (al igual que Explorer y Firefox), convierte la experiencia en un juego de niños.

Seguridad

Google ha añadido a su software una capa que le avisa del contenido malintencionado. Gracias a ella evitará exponerse a los ataques de código que se encuentran en algunas Web.

Capítulo 4
El contenido
de la Web

La tremenda evolución de Internet ha hecho que lo que comenzó siendo simples páginas Web ahora sean enormes portales que albergan multitud de contenidos de todo tipo. Gracias al desarrollo de estos portales y a la aparición de multitud de buscadores, se facilita enormemente la tarea de encontrar cualquier página Web que le pueda resultar interesante. De esta forma, puede encontrarse con grandes portales que le presentan una gran cantidad de información, organizada según diversos temas y con enlaces a otras páginas Web.

Este capítulo estará dedicado a algunas de las páginas Web que se pueden encontrar en la Red, a su tipología y a herramientas de utilidad que puede encontrar en Internet, como es el caso de los buscadores o los traductores. Nuestro objetivo, en este capítulo, es mostrarle las diferencias entre los distintos tipos de páginas que pueblan Internet y ayudarle a encontrar aquellas que pueda necesitar, ya que realizar una guía que incluyera todos los tipos de páginas existentes en lo relativo a contenido sería prácticamente imposible.

Sitios Web y portales

A lo largo de las distintas páginas Web que visite o incluso de las publicaciones que lea se encontrará de forma recurrente con estos dos términos. Hemos decidido dedicar el primer apartado de este capítulo a esclarecer las diferencias que hay entre ambos, con el objetivo de establecer o crear una tipología que le haga sentirse más cómodo a la hora de navegar por Internet o de hablar con criterio de ello.

Páginas Web

Empezaremos por la escala más baja de la tipología, las páginas Web. Una página Web es, como su propio nombre indica, sólo una página. Es como si habláramos de un periódico e hiciéramos referencia a la página doce.

Internet está poblado de páginas Web. Calcular cuántas hay sería imposible. En el momento de escribir este libro,

Google, un buscador del que conoceremos más en el próximo apartado, encuentra más de 12.070.000.000 resultados para la letra "a".

A menudo encontrará referencias que hablan de una página Web cuando, en realidad, se refieren a un conjunto de ellas. Esta fórmula no es correcta, aunque deriva de los inicios de Internet, en los que era poco habitual que se publicaran muchas páginas que tratasen un mismo tema. Nos tenemos que remontar a una época en la que Internet se consideraba como un objeto de utilidad para la investigación, y lo que se publicaba principalmente eran trabajos de este tipo, que se compilaban en una sola página que, posteriormente, era publicada. Lo ideal sería que utilice la expresión página Web sólo cuando se refiera a una página específica.

Sitios Web

Sigamos con nuestra precisión terminológica. Un sitio Web es un grupo de páginas Web sobre un tema determinado o que están enlazadas por un cierto índice. Por seguir con nuestro símil del periódico, un sitio Web sería la sección de deportes en la que se encuentra la página doce a la que antes hacíamos alusión.

En la figura se puede ver el sitio Web de Anaya Multimedia en el que se encuentra la página Web del libro Twitter de la figura anterior. La extensión que puede tener un sitio Web no es del todo clara. Algunos autores ni siquiera lo diferencian de lo que sería un portal, así que dejamos a su elección el uso que prefiera hacer después de leer la parte relativa a los portales de Internet.

Uno de los grandes problemas de Internet está intrínsecamente unido a su mayor virtud, y es la libertad con la que nació. Eso hace que sea complicado poner de acuerdo a sus múltiples usuarios en términos y aspectos determinados.

Portal

Es un término que hizo fortuna a partir de la aparición de sitios Web que agrupaban diferentes temáticas y actuaban como punto de encuentro del internauta. El objetivo principal de un portal es convertirse en la página de inicio del navegador, ya que puede ofrecer al usuario cualquier cosa que pueda necesitar sin tener que salir de él. En el ejemplo al que estamos recurriendo, el portal sería el periódico, que albergaría el sitio Web de deportes con la página Web número doce.

El ejemplo de portal más característico que tenemos en España lo constituye Terra (`http://www.terra.es`). A través de esta página, el usuario puede tener acceso a noticias, buscadores, compras y otras muchas opciones que se le ofrecen, agrupadas de forma temática a través de las diferentes tablas de la página. Una de las claves para que un portal sea atractivo es la actualización. Sus contenidos de portada deben estar continuamente actualizados para que el usuario no lo abandone. La evolución de esta figura ha creado una tipología de portales según sus contenidos. Así, tendríamos portales generalistas, como sería el caso ya analizado de Terra; por-

tales especializados en salud, caso de Anisalud (`http://www.anisalud.com`); portales especializados en personas mayores, como puede ser el Portal Mayores, del CSIC (Centro Superior de Investigaciones Científicas) (`http://www.imsersomayores.csic.es`), etc. En la actualidad, Google está intentado ocupar esta posición mediante la oferta de nuevos servicios, como puede ser Google News, que le permite tener a diario su propio periódico personalizado. Como indicábamos en la introducción de este capítulo, no podemos indicarle cuáles son las mejores páginas Web o cuáles le serán más útiles en su trabajo. Lo mejor y más satisfactorio es que usted se lance a navegar por la Red.

Lo que sí podemos es enseñarle cómo encontrar las páginas, sitios o portales que puede necesitar en cualquier momento. Para ello le indicaremos el funcionamiento de varios buscadores que le pueden ser de utilidad.

Motores de búsqueda

Dentro de los buscadores, los encontrará de varios tipos. En esta obra los dividiremos en tres categorías: motores de búsqueda, directorios y metabuscadores. Dentro de cada una de las categorías, seleccionaremos un buscador sobre el que explicaremos algunas de sus opciones. Una de las características de los motores de búsqueda es que, como su propio nombre indica, disponen de unas aplicaciones automáticas que se dedican a buscar en la Web términos que posteriormente indexan y son mostrados al usuario una vez que introduce una cadena de búsqueda.

Google

El ejemplo más característico de motor de búsqueda es Google. Éste usa sofisticadas técnicas de búsqueda de texto que le permiten encontrar páginas importantes y relevantes para usted. A diferencia de otros buscadores, cuando Google analiza una página comprueba el contenido de varias páginas en las que aparece referenciada.

Por ejemplo, si realizamos una búsqueda sobre una patología médica, Google buscará la palabra que le indicamos, pero a la hora de darnos el resultado tendrá en cuenta cuántas páginas citan la que nos muestra. El número de resultados que devuelve es sólo aproximado.

La forma de usar Google es muy sencilla. Sólo debe introducir la cadena de búsqueda que desee y, a continuación, hacer clic en el botón **Buscar** o presionar la tecla **Intro**. También puede apretar el botón **Buscar con Google** para que comience la búsqueda de resultados. Por ejemplo, introduciremos como cadena de búsqueda la palabra "gripe" que nos devuelve

los resultados que puede observar en la figura.

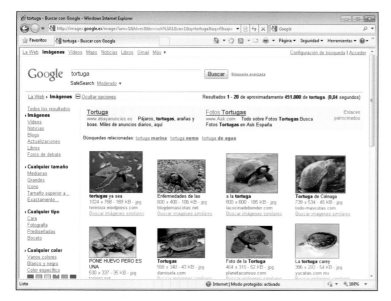

Además de buscar texto, Google puede localizar imágenes. El procedimiento es el mismo que por palabras: escribir la búsqueda y pulsar **Intro** o hacer clic en el botón **Buscar con Google**. Busquemos, por ejemplo, la palabra tortuga.

El buscador devolverá todas las imágenes que tenga sobre la palabra, en este caso 451.000, con una vista previa de cada uno de los elementos. Si se hace clic sobre cualquiera de ellos, la página en la que se alberga la imagen se abrirá, y la verá en su contexto original. También tiene la opción de ordenar los resultados por tamaño: grandes, medianas o pequeñas, según prefiera.

Cuando hablamos de tamaño de las imágenes, no nos estamos refiriendo al tamaño físico que presentan, sino al espacio que ocupan en el formato en el que se encuentren almacenadas, es decir, al tamaño en píxeles.

Directorio

La otra opción para realizar búsquedas es a través de directorios. La búsqueda por directorios se realiza a través de agrupaciones de temas, desde lo más general a lo más específico. Su utilidad a la hora de realizar una búsqueda es sencilla de apreciar, ya que podemos tener un tema general como, por ejemplo, la caza, sobre el que queremos profundizar. En tal caso, accederemos al directorio dedicado a la caza para encontrar resultados afines sobre los que investigar. También se puede dar el caso contrario, por ejemplo, que hayamos oído a un amigo que se ha comprado un cuadro futurista y quisiéramos saber de dónde viene esa corriente artística y su contenido. La principal diferencia que podemos encontrar con los motores de búsqueda se encuentra en que los directorios muestran una información agrupada que, en muchas ocasiones, ha sido colocada en un apartado específico por indicación del programador de la página Web, utilizando para ello una etiqueta adecuada. Es por ello que la indicación de las etiquetas a las que se adscribe una página Web acaba resultando muy importante en el momento de su indexación por los buscadores.

Yahoo!

Uno de los precursores de las búsquedas por directorios fue Yahoo! Su página española es http:// www.yahoo. es. Su página homóloga en inglés es la dirección, http:// www.yahoo. com, aunque la versión española permite realizar búsquedas sobre toda la Web.

La búsqueda de una Web en Yahoo! es muy similar a cómo se hace en Google, por lo que obviaremos los pasos que tienen en común.

Lo que sí veremos es la aplicación anterior del directorio. Hagamos la búsqueda sobre el tema de la caza, que se aprecia en los conceptos relacionados de la parte superior izquierda.

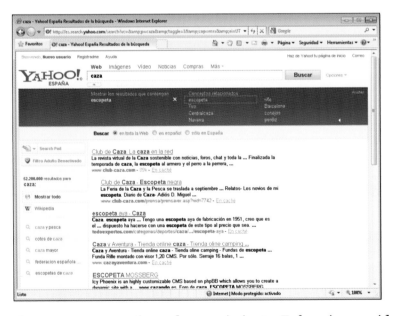

En la siguiente figura puede ver los resultados de directorio que devuelve el buscador. Seleccionaremos la categoría de caza con escopeta para ver los resultados, ya que es el tipo de caza que estamos buscando. Como comentábamos anteriormente, una de las ventajas de los directorios es que agrupan áreas de conocimiento. Es lo más parecido a una biblioteca donde escrutamos las estanterías en busca del tema en el que estamos interesados.

La elección de cualquiera de las dos opciones planteadas anteriormente variará según la intención que tenga en cada momento.

Por ejemplo, la opción del directorio se muestra más interesante para planear un viaje, ya que no sólo podrá encontrar alojamientos sino que también tendrá acceso a información turística o a las alternativas de restauración en el lugar que haya decidido visitar. Por contra, para conocer el autor de un libro, parece más indicado el motor de búsqueda.

Metabuscadores

Un metabuscador es un buscador de buscadores. No es que le muestre los buscadores que puede encontrar, sino que realiza la búsqueda que le proponga en varios buscadores y devuelve los resultados combinados. De esta forma se asegura tener los mejores resultados de varios buscadores.

Metacrawler.com

Uno de los pioneros. Realiza las búsquedas en Google, Yahoo!, Ask y Bing, entre otros. Además, permite realizar búsquedas de imágenes, audio y vídeo, características que le convierten en una opción muy a tener en cuenta.

Buscadores específicos

Más que buscadores, podrían entrar dentro de las bases de datos, pero hemos querido dejar en este apartado dos ejemplos de buscadores temáticos. En la Web, y usando los buscadores descritos anteriormente, podrá encontrar otros muchos que le serán de utilidad en su vida profesional o personal.

 Resultaría bastante interesante que, mientras navega, vaya recopilando aquellos buscadores que le son de utilidad y los añada a su navegador, como vimos en los capítulos anteriores.

Hablemos de cine

Uno de los mejores buscadores de películas actual de la Web es IMDb (*The Internet Movie Database,* Base de datos de películas en Internet), con la siguiente dirección: `http://www.imdb.es`. Su base de datos es impresionante. Podrá encontrar desde los últimos estrenos hasta cortometrajes de diversos países, o las últimas novedades en DVD.

La forma de utilizar la base de datos es muy sencilla, y permite realizar búsquedas por títulos de películas. Posteriormente, sólo hay que elegir el resultado que deseemos y tendremos acceso a todos los datos de la película en cuestión. Otra opción interesante es su apartado de críticas que, al modo de las listas musicales, le permite ver las mejores y peores películas según los votos de sus usuarios, o visitar el Top 10: las diez películas más visitadas por los lectores de IMDb.

En el caso de que su rama cinéfila le lleve más allá, podrá estar informado de todos los festivales y premios más importantes que se otorgan en el séptimo arte, como el de San Sebastián, la Berlinale, los Oscars o los Goya.

Cuestión de salud

Si visita la dirección del portal Saludalia (en la dirección `http://www.saludalia.com`) accederá a este portal vertical, que tiene como objetivo informar, formar y dar servicios en el complejo mundo de la salud a todos los usuarios de la Red. Esta página Web cuenta con contenidos en español y se encuentra estructurada en varias secciones como Urgencias, Nutrición, Enfermedades, Salud familiar, etc.

El último apartado de este capítulo está dedicado a algunas páginas Web de traductores que pueden ser de utilidad para cualquier lector.

Google traductor

Uno de los mejores traductores que se pueden encontrar en Internet. Permite traducir a múltiples idiomas textos sueltos (hasta 150 páginas) o páginas Web completas con sólo teclear la dirección.

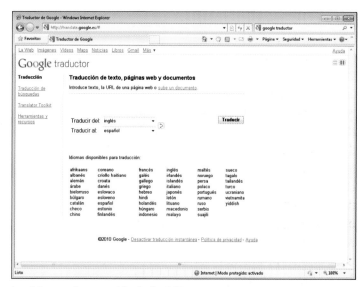

Como no podía ser de otra forma al estar hablando del traductor de Google, esta herramienta será la misma que usará si desea hacer una traducción directa de una página que encuentre por medio del buscador. Su principal baza, la cantidad de idiomas que encontrará disponible para su trabajo.

WordReference.com

Más que un traductor, debe considerar esta página como un diccionario multilingüe. Su principal valor viene aportado por los foros en los que distintos usuarios le ayudarán con las dudas que pueda tener a la hora de traducir un texto. Si no desea plantear directamente una pregunta, podrá ojear las que usuarios anteriores hicieron, en las que es más que probable que encuentre la solución a su duda.

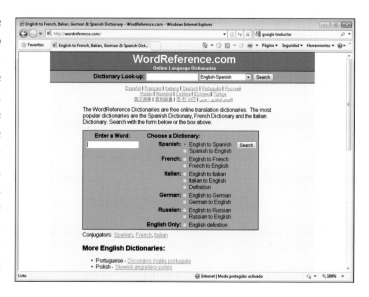

Los sistemas de gestión de contenido

En los últimos años, la visión de la creación de páginas Web ha sufrido un gran cambio. En los primeros tiempos, era necesario que un programador escribiera el código HTML por completo (desde el que se generan las páginas Web). Posteriormente, surgieron programas comerciales que, siguiendo la metodología WYSIWYG (*What You See Is What You Get*, Lo que ves es lo que obtienes), le permitían "dibujar" las páginas de forma casi directa, sin necesidad de conocer prácticamente nada del código.

El último paso de esta evolución viene de la mano de los sistemas de gestión de contenido, que son una especie de mezcla de lo que acabamos de ver. Su principal utilidad es para la gestión colaborativa de contenido, en la que un programador se encarga de preparar las plantillas y dar acceso a los usuarios para que puedan escribir directamente los textos.

Si se anima a crear su propio sitio Web con uno de estos programas, no debe preocuparse por la parte de programación, ya que la mayoría poseen asistentes muy intuitivos que le guiarán en todo momento.

En la figura puede ver un ejemplo de un sitio que usa Joomla para la gestión de los contenidos. Apreciará que la forma de incluir un artículo nuevo es muy sencilla, ya que cada uno de los campos le deja claro lo que debe escribir en cada apartado.

También observará que hay un pequeño procesador de textos con herramientas que le serán familiares. Éste se usa para dar formato al texto a medida que escribe, según su elección o incluir hipervínculos, entre otras funcionalidades. Además, si ya tiene escrito el texto en Word, podrá pegarlo directamente y mantener todo el trabajo que ya haya hecho.

Y esto es sólo el principio

A lo largo de las páginas anteriores hemos mostrado algunas de las opciones que le ofrece la Web. No hemos querido entrar, como ya expusimos, en ejemplos particulares, sino más bien ofrecerle las herramientas con las que podrá llegar a ellos.

Lo más probable es que ya haya tenido algunas experiencias en el campo de la navegación por la Web, y como habrá aprendido, la mejor forma de conocer los límites que tiene Internet y todas las posibilidades que le ofrece es explorando sus páginas. Desde estas líneas le animamos a que siga por el mismo camino, ya que es muy posible que se encuentre con páginas que le sorprendan.

Capítulo 5
Correo
electrónico:
Outlook 2010

Mensaje de correo

El correo electrónico ha resultado ser una de las herramientas más útiles que Internet ha puesto a nuestra disposición, al permitir las comunicaciones con personas de todo el mundo con un esfuerzo mínimo y en un plazo de tiempo muy corto, casi instantáneo.

Gracias a los programas de correo electrónico actuales, como Outlook 2010 de Microsoft, que vamos a ver en este capítulo, puede gestionar su correo de la forma

más eficaz, controlar sus contactos en la Red mediante la libreta de direcciones e incluso acceder a grupos de noticias que sean de su interés. Cualquiera que sea el uso que le vaya a dar, Outlook 2010 demuestra ser una herramienta muy adecuada.

El proceso de instalación de Outlook 2010 se omite, ya que esta aplicación se instala automáticamente con el paquete Office 2010.

Conceptos generales

Antes de comenzar a trabajar con Outlook 2010, deberá configurar la cuenta de correo electrónico con la que va a trabajar, de forma que la aplicación pueda conectar con el servidor correcto y proporcionar los datos necesarios para que éste le permita descargar los mensajes que le han enviado. Outlook 2010 le presentará, la primera vez que inicie la aplicación, un asistente para configurar la cuenta de correo que va a usar, pero si no es la primera vez que inicia esta aplicación o quiere configurar otra cuenta de correo también puede hacerlo. Vamos a ver cómo:

Recuerde que antes de configurar la cuenta debe tener a mano todos los datos de configuración proporcionados por su proveedor.

1. Seleccione Archivo, y allí escoja la opción Agregar cuenta que encontrará en la parte superior central de la pantalla. Se abrirá el cuadro de diálogo Agregar nueva cuenta.

2. Asegúrese de que ha seleccionado Cuenta de correo electrónico como opción a configurar. Introduzca el nombre que quiera mostrar en el campo Su nombre. Escriba, en el campo Dirección de correo electrónico, la dirección de la cuenta de correo que va a configurar. También deberá proporcionar la contraseña que su proveedor de correo electrónico le ha proporcionado.

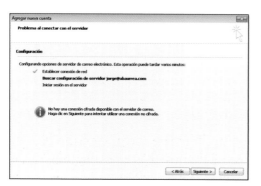

Si está configurando una cuenta de un proveedor de correo Web, como puede ser Gmail o Hotmail, Outlook se encargará por usted de completar el resto del proceso de instalación. Si está configurando una cuenta de otro tipo, deberá continuar el proceso completo de configuración. Escoja para ello la opción Configurar manualmente las opciones del servidor o tipos de servidores adicionales.

3. Escoja Correo electrónico de Internet en el cuadro de diálogo Elegir servicio.

4. Seleccione POP3 (*Post Office Protocol 3*, Protocolo de correo electrónico 3) como tipo de servidor de correo entrante, ya que es el más habitual. Si su servidor es IMAP (*Internet Message Acess Protocol*, Protocolo de acceso a mensajes de Internet), selecciónelo en el menú desplegable e introduzca, en los campos correspondientes, las direcciones de los servidores POP3 de correo entrante y SMTP (*Simple Mail Transfer Protocol*, Protocolo sencillo de transferencia de correo) de correo saliente que le ha proporcionado su ISP (*Internet Services Provider*, Proveedor de servicios de Internet).

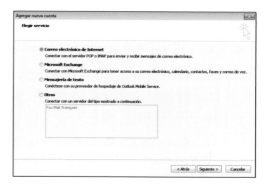

5. En el campo Nombre de usuario introduzca el nombre asignado (suele ser todo el texto que se encuentra a la izquierda de la arroba) y, en el campo Contraseña, introduzca la que ha elegido para acceder a la cuenta. Si no selecciona la opción Recordar contraseña, el servidor le solicitará que la introduzca cada vez que compruebe el correo electrónico.

6. Si ha introducido adecuadamente todos los datos, haga clic en **Finalizar**. El proceso de configuración de la cuenta ha terminado.

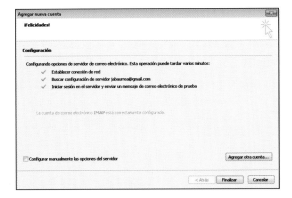

Ahora ya puede proceder a descargar el correo en su cliente de correo electrónico, que en este caso es Outlook 2010. A lo largo del capítulo le iremos explicando algunas de las funciones más importantes que le ofrece la aplicación. En el momento de iniciarse, la aplicación Outlook 2010 muestra diversas secciones que son las que utilizará a lo largo de todo el proceso. Estas secciones son esenciales para trabajar con correo electrónico y cada una de ellas le prestará una función imprescindible para su gestión.

- **Carpetas:** Esta sección contiene todas las carpetas en las que se organizan los mensajes que recibe en Outlook 2010. Cada una de las carpetas predeterminadas tiene una función específica:

  - **Bandeja de entrada:** Almacena los mensajes según los va recibiendo, y permanecen en ella a menos que los cambie a cualquier otra carpeta de Outlook 2010.

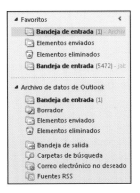

- **Bandeja de salida:** Guarda los mensajes a medida que los va recibiendo, tanto si los ha leído como si no lo ha hecho.

- **Elementos enviados:** Guarda una copia de todos los mensajes que envía a cualquier destinatario de correo.

- **Elementos eliminados:** Almacena los mensajes que borra y suprime de cualquier otra carpeta de Outlook 2010.

- **Borrador:** Contiene los mensajes que ha escrito pero aún no ha enviado, por el motivo que sea.

Con estas carpetas básicas, usted puede trabajar sin problemas con Outlook 2010, si bien también tiene la opción de configurarlas a su gusto y añadir cuantas carpetas quiera. Lo veremos un poco más adelante, en este mismo capítulo.

- **Calendario:** Le da acceso a su agenda global, en la que encontrará todas las citas que haya incorporado.

- **Contactos:** Presenta una lista de las direcciones de correo electrónico que tiene almacenadas en la lista de contactos de Windows Mail. Desde esa misma lista puede editar los contactos, enviarles mensaje de correo electrónico, buscar personas y trabajar de muchas otras formas.

- **Tareas:** Espacio en el que podrá gestionar sus tareas por categorías.

La ventana principal muestra los encabezados de los mensajes que contiene Outlook 2010, tanto si los ha recibido como si los ha enviado o los tiene almacenados en las carpetas Borrador o Elementos eliminados. Desde esta ventana puede trabajar con los mensajes, haciendo clic sobre el mensaje seleccionado con el botón derecho del ratón y escogiendo una de las opciones que se le ofrecen:

- **Copiar:** Almacena el mensaje en el portapapeles de Windows para que pueda pegarlo en otro documento.

- **Impresión rápida:** Imprime directamente una copia del mensaje en el dispositivo predeterminado.

- **Responder/a todos:** Envía un mensaje de respuesta al remitente o remitentes de un mensaje recibido.

- **Reenviar:** Reenvía el mensaje a un destinatario distinto del remitente del mensaje.

- **Marcar como leído/no leído:** Marca el mensaje como leído si no lo está, y viceversa.

- **Mover:** Mueve el mensaje a una carpeta determinada.

- **Ignorar:** El mensaje seleccionado y los próximos de ese remitente se enviarán directamente a la Papelera.

- **Correo no deseado:** Marcará el mensaje y al remitente como tal, moviendo el mensaje a la carpeta Correo electrónico no deseado.

- **Eliminar:** Borra el mensaje y lo envía a la carpeta Elementos eliminados.

Todas las posibilidades mencionadas anteriormente funcionan dentro de cualquiera de las carpetas que contienen mensajes, no sólo en la Bandeja de entrada.

Composición de un mensaje

Uno de los objetivos principales de todo el que se conecta a Internet es disponer de un medio de enviar y recibir mensajes a otras personas. Y de poco le sirven todas las opciones para responder a un mensaje recibido si no sabe cómo enviar un mensaje partiendo de cero. En realidad es un proceso muy sencillo, pero exige tener claros algunos conceptos para saber qué es lo que hay que introducir en cada uno de los campos que componen un mensaje. Vamos a verlos uno por uno.

Por supuesto, lo primero que hay que hacer es iniciar un mensaje nuevo. Para ello, diríjase a la barra de herramientas de Outlook y seleccione el botón **Nuevo mensaje de correo electrónico** dentro del menú Inicio. El resultado será una nueva ventana con un formato especial, que contendrá todos los datos del mensaje y dispone de una serie de campos que tiene que rellenar de forma adecuada:

- **De:** Es el campo en el que aparece la dirección electrónica del emisor del mensaje. En caso de que sólo tenga una cuenta configurada, no habrá posibilidad de elección, pero si dispone de más de una cuenta, deberá hacer clic en la flecha que se encuentra a la derecha del campo y, en el menú desplegable, seleccionar la cuenta desde la que quiere enviar el mensaje.

- **Para:** Evidentemente, éste es el lugar en el que deberá introducir la dirección del receptor del mensaje. Puede escribirla manualmente o, si dispone de la dirección en su lista de contactos, tiene la opción de hacer clic en el botón **Para** y seguidamente, seleccionar la dirección en la ventana que aparecerá, la cual también puede usar para rellenar las direcciones de los campos CC y CCO (cuyo significado veremos ahora). En cualquier caso, es posible enviar el mismo mensaje a más de un destinatario sin crear un mensaje nuevo para cada uno de ellos, con sólo introducir tantas direcciones como haga falta en estos tres campos separadas por un punto y coma.

> Outlook 2010 dispone de una función que intenta relacionar las direcciones que introduce en los campos Para CC y CCO con las de sus contactos, de forma que al introducir las primeras letras le ofrece las opciones que coinciden con ese texto, lo que ahorra mucho tiempo a la hora de enviar los mensajes a varios destinatarios.

- **CC:** Este campo hace que se envíe una copia del mensaje a cada uno de los destinatarios cuya dirección se incluye en él. También existe la opción **CCO**, a la que sólo se puede acceder haciendo clic en el botón **Para**, en el botón **CC**, o haciendo clic en Opciones>CCO. Se utiliza para enviar una copia oculta a un destinatario, de forma que el resto de receptores del mensaje no sepan que este último ha recibido una copia.

- **Asunto:** Es el campo en el que se incluye el encabezado del mensaje, una línea de texto que será lo único que conozca el receptor sobre el contenido del mensaje hasta que lo abra o lo visualice en el panel de vista previa.

- **Campo de texto:** Es el área de la ventana en la que escribiremos el texto del mensaje. En ella introducirá el texto que quiera, dándole el formato adecuado con las opciones que se encuentran en la barra de herramientas inmediatamente superior, que incluso le permitirán introducir imágenes o líneas que formen parte del texto que va a enviar.

Hasta hace unos años los mensajes de correo electrónico se escribían sólo con formato de texto sencillo, pero la evolución de los diferentes clientes de correo permite que los mensajes se escriban con formato HTML.

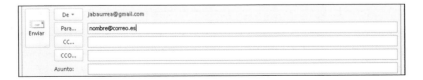

Una vez creado el texto del mensaje, es posible que quiera enviar con él algún archivo, como un documento de Word, una presentación o cualquier otro elemento, e incluso introducir una firma característica que se incluirá al final de todos los mensajes para identificarlos. Vamos a ver cómo hacerlo.

Archivos adjuntos

El método para adjuntar archivos es sencillo. No tiene más que seguir estos pasos:

1. Haga clic en el icono **Adjuntar archivo** (el que tiene forma de clip) de la pestaña Mensaje en la barra de herramientas, o seleccione el menú Insertar y luego haga clic en el icono. Se abrirá el cuadro de diálogo Insertar archivo.

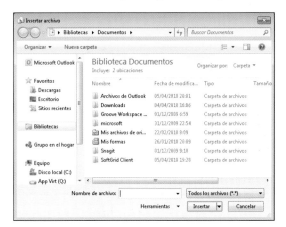

2. En el cuadro de diálogo, típico de Windows, busque el archivo o archivos que quiere incluir en el mensaje, selecciónelos y haga clic en **Insertar**.

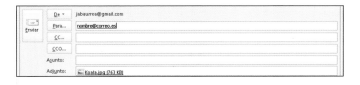

3. Verá que, bajo el campo Asunto, ha aparecido un nuevo campo llamado Adjunto, que contiene los archivos que ha seleccionado y que se van a enviar con el mensaje.

 Tenga en cuenta que los archivos que envíe por Internet pueden tener diferentes tamaños, por lo que no es recomendable enviar archivos demasiado grandes si no se dispone de una conexión rápida.

Firmar los mensajes

Outlook 2010 ofrece la opción de incluir de manera automática en cada mensaje una serie de elementos que compongan una firma característica de sus mensajes. Para activar esta opción deberá dirigirse, en un mensaje nuevo, a Firma dentro de la pestaña Mensaje y seleccionar la opción Firmas para crear una nueva si no tiene ninguna.

Una vez que disponga de una firma creada, tiene varias opciones para modificarla a su gusto:

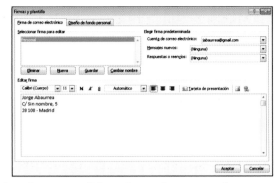

- **Elegir firma predeterminada:** Le permite hacer que la firma se agregue a todos los mensajes salientes de su ordenador, o bien hacer que no se incluya en las respuestas o reenvíos de mensajes.

- **Seleccionar firma para editar:** Desde aquí podrá añadir firmas, eliminarlas o cambiar el nombre con el que se identifican cada una de ellas.

- **Editar firma:** Aquí configurará el texto que aparece en la firma. Podrá escribir el texto o hacer que se incluya su Tarjeta de presentación como firma, que será su propio contacto.

De esta forma configurará una sencilla firma que se incluirá en cada mensaje y que puede incluir, por ejemplo, su nombre completo, la dirección de correo electrónico, la dirección física de su casa o negocio y su número o números de teléfono.

Configuración del envío de mensajes

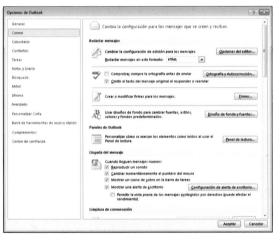

La aplicación le permite también configurar diversas opciones que se ejecutarán a la hora de enviar los mensajes y que pueden facilitarle la tarea de trabajar con Outlook. Vamos a ver varias, pero antes tendrá que acceder al cuadro de diálogo Opciones usando la pestaña Archivo y escogiendo después el apartado Correo.

- **Guardar copias de los mensajes en la carpeta Elementos enviados**: Guardará de manera automática una copia de cada mensaje que envíe en la carpeta Elementos enviados si mantiene esta opción activada.

- **Guardar automáticamente los elementos no enviados después de estos minutos:** Será su copia de seguridad por si el ordenador sufre algún problema, ya que podrá recuperar el mensaje si este se ha guardado.

- **Comprobación automática de nombres:** Hace que aparezcan las direcciones de correo de los posibles destinatarios cuando escribe en los campos Para CC o CCO.

- **Marcar mensajes como caducados tras este número de días:** Los mensajes que superen el plazo definido aparecerán con un color distinto en el listado de mensajes.

- **Eliminar las convocatorias de reunión y notificaciones de la Bandeja de entrada después de responder:** Tras aceptarlas o denegarlas, éstas se añadirán o no al calendario y desaparecerán de la Bandeja de entrada.

- **Guardar copias de los mensajes en la carpeta Elementos enviados:** Si no activa esta opción, no almacenará los mensajes que envía.

Los mensajes de correo electrónico que envíe desde Outlook pueden ser de tres tipos: HTML, Texto sin formato o Texto enriquecido. Puede escogerlo en el apartado Redactar mensajes en este formato.

Envío del mensaje

Para enviar el mensaje no tiene más que hacer clic en el botón **Enviar** que se encuentra en la barra de botones de la pantalla Mensaje nuevo, y éste se enviará automáticamente en cuanto disponga de una conexión a Internet. Si no hay una conexión activa, Outlook le pedirá que se conecte a Internet para poder enviarlo. Mientras no pueda mandarlo, el mensaje permanecerá en la Bandeja de salida. Los mensajes que cierre sin pulsar el botón **Enviar** se guardarán en la carpeta Borrador.

Mensajes recibidos

Ya tiene configurada la cuenta y sabe cómo enviar mensajes, así que ha llegado la hora de comenzar a trabajar con los mensajes que hemos recibido. Pero primero tendrá que descargarlos del servidor de su ISP.

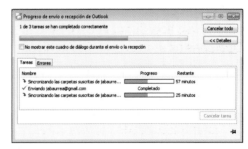

Para descargar los mensajes que le han enviado, haga clic en el botón **Enviar y recibir todas las carpetas,** que se encuentra en la pestaña Enviar y recibir, para seleccionar la recepción de los mensajes de sólo una de las cuentas que tenga configuradas (en el caso de tener más de una). También puede descargar el correo haciendo clic en la opción Enviar y recibir grupos de esta misma pestaña.

En cualquiera de los casos aparecerá un cuadro de diálogo que le informará del proceso de la descarga de mensajes. Cuando el proceso de la descarga haya concluido, todos los mensajes nuevos recibidos aparecerán incluidos en la Bandeja de entrada y marcados con tipografía en negrita, lo que los hará fácilmente reconocibles.

Recepción automática

Es posible configurar Outlook para que compruebe de forma automática la existencia de correo en los servidores de sus cuentas según intervalos de tiempo que usted podrá determinar.

Para hacerlo deberá dirigirse a la pestaña Archivo y, dentro de la opción Avanzado, hacer clic en el botón **Enviar y recibir**. Allí podrá establecer un tiempo en la opción Incluir un envío o recepción automáticos cada XXX minutos, donde XXX son los minutos entre comprobaciones.

Tenga mucho cuidado al configurar esta última opción. Si dispone de una conexión a Internet que comparte la línea con el teléfono de su casa o de su oficina puede crearle algunas molestias al conectarse cuando menos se lo espere.

Archivos adjuntos

Es posible que algunos de los mensajes que reciba incluyan archivos adjuntos. Una vez que el mensaje se haya descargado, es posible que estos archivos se muestren en el mismo panel de vista previa de los mensajes, especialmente cuando se trata de imágenes con formatos habituales (`.jpg`, `.gif`, etc.). Pero si se trata de otro tipo de archivos, deberá trabajar con ellos de otra manera.

En el caso de encontrarse con un archivo adjunto deberá hacer clic en el icono en forma de clip que aparece en el panel de vista previa, donde dispondrá de las siguientes opciones.

1. En primer lugar, si selecciona directamente el archivo o archivos que le han enviado, se abrirán con la aplicación correspondiente (si la tiene instalada en su ordenador).

2. Si no quiere abrirlo directamente y prefiere guardarlo en su disco duro, deberá seleccionar la opción Guardar como que aparecerá tras hacer clic con el botón derecho, y seleccionar, en el cuadro de diálogo que aparecerá, la ubicación que quiera que tengan en el disco duro u otra unidad de almacenamiento.

Debe tener mucho cuidado con los archivos adjuntos que recibe, ya que son una de las mayores fuentes de propagación de virus informáticos. Ante cualquier archivo sospechoso, sobre todo si tiene una extensión de tipo `.exe`, la mejor solución es guardar el archivo y ejecutar un antivirus o, si es posible y no conoce ni siquiera al emisor del mensaje, borrarlo directamente.

Respuestas

Como ya ha visto, es muy probable que, al recibir un mensaje, desee enviar una respuesta al emisor del mismo. Dispone de una serie de opciones en la barra de herramientas del mensaje recibido, que le permitirán contestarlo.

- **Responder:** Abre un mensaje nuevo que incluye el texto del mensaje recibido y que ya tiene la dirección del remitente en el campo Para.

- **Responder a todos:** Abre el mismo mensaje que la opción anterior, pero también incluye en el campo CC a todas las personas incluidas en el mensaje original.

- **Reenviar:** Abre también una ventana nueva con el texto del mensaje original, pero sin incluir destinatario alguno, de forma que pueda mandar el mismo mensaje que ha recibido a cualquier otra persona.

 Recuerde que puede acceder a todas estas opciones sin tener que abrir el mensaje recibido. No tiene más que hacer clic sobre el mensaje, en la misma Bandeja de entrada, con el botón derecho del ratón y elegir una de estas tres mismas opciones en la ventana desplegable que se le mostrará.

Es posible eliminar todo o parte del texto incluido en el mensaje original como si se tratara de texto que ha escrito usted mismo. No tiene más que seleccionarlo con el ratón y borrarlo sin problemas.

Organización de los mensajes

La Bandeja de entrada es el almacén de los mensajes que recibe en Outlook, pero hay ocasiones en las que no resulta suficiente trabajar con esta única carpeta. Supongamos, por ejemplo, que el ordenador es compartido por dos o más usuarios, cada uno de los cuales dispone de una cuenta de correo diferente y quiere mantener la privacidad de los mensajes. En ese caso, puede crear una carpeta, o varias, para cada uno de ellos donde poder guardar sus mensajes a salvo de los curiosos.

Para crear una nueva carpeta deberá hacerlo desde la sección Archivo de datos de Outlook de la ventana principal. Nos situaremos encima de la carpeta que queremos que contenga la que vamos a crear y haremos clic con el botón derecho del ratón para seleccionar la opción Nueva carpeta en la ventana desplegable que ha aparecido.

Aparecerá un cuadro de diálogo, llamado Crear nueva carpeta, en el que deberá introducir el nombre que quiere darle a la carpeta y podrá, a su vez, seleccionar la carpeta que va a contener la de nueva creación. De esta forma, podrá crear tantas carpetas como desee.

Una vez que dispone de las carpetas puede mover los mensajes a ellas de dos formas: arrastrándolos directamente desde la Bandeja de entrada y soltándolos sobre la carpeta deseada, o seleccionando los mensajes y haciendo clic con el botón derecho del ratón, para escoger entonces las opciones Mover o Copiar.

Imprimir mensajes

Es muy normal necesitar una copia impresa de un mensaje, y Outlook 2010 se lo pone fácil. No tiene más que dirigirse a `Archivo>Imprimir`, hacer clic con el botón derecho del ratón sobre el mensaje y seleccionar `Impresión rápida` o presionar la combinación de teclas **Control-P**. En cualquiera de los casos se iniciará el proceso de impresión del mensaje de correo electrónico, que es similar al de cualquier otro documento.

Direcciones de correo

Los contactos en Outlook funcionan como una agenda. En ellos podrá almacenar una lista de todos sus contactos, en la que es posible incluir casi todo tipo de datos, como pueden ser el nombre y apellidos, dirección de correo electrónico (por supuesto), dirección física, números de teléfono y cualquier otra información que desee incorporar al contacto.

En cualquier caso, los contactos le ayudarán a encontrar a los destinatarios de sus mensajes, ya que será allí donde podrá acceder desde cualquiera de los campos de un nuevo mensaje de correo electrónico para seleccionar a los destinatarios del mismo.

Para incluir a una persona en los contactos disponemos de varios caminos:

1. Hacer clic sobre el remitente de un mensaje con el botón derecho del ratón y proceder a seleccionar la opción Agregar a contactos de Outlook.

2. Hacer clic en el botón **Contactos**, con lo que se abrirá la carpeta Contactos y allí podrá escoger Nuevo Contacto para añadirlo a su libreta de contactos.

Siempre es posible acceder a las propiedades de un contacto para modificarlas o revisarlas seleccionando el contacto en su libreta o, en cualquier mensaje, haciendo doble clic sobre el contacto.

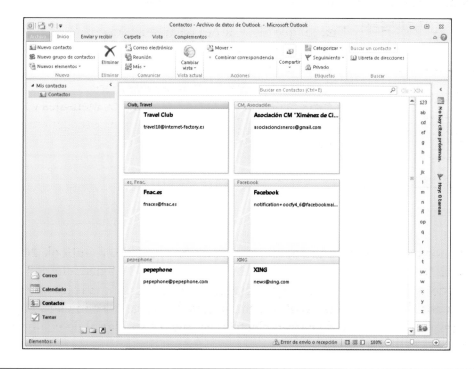

Organización automática

Ya hemos visto que es bastante sencillo crear carpetas para administrar mensajes, pero la tarea de mover todos los mensajes a la carpeta adecuada puede resultar muy pesada si recibe muchos mensajes cada día.

Con el fin de agilizar esta tarea, y con muchos otras que ahora veremos, Outlook le ofrece las reglas de mensajes, gracias a las cuales podrá establecer directrices que, en función de unas condiciones determinadas, realizan ciertas acciones programadas.

Para acceder a las reglas de mensajes, la única forma es desde la pestaña Archivo, seleccionando Reglas. Una vez allí, y tras hacer clic en Crear regla, dispondrá de opciones para establecer reglas para los mensajes de correo electrónico. En cualquiera de los casos se abrirá un cuadro de diálogo llamado Crear regla.

Vamos a ver un ejemplo con el fin de conocer el funcionamiento de estas reglas. Para ello crearemos una que establezca que todos los mensajes recibidos de un cierto destinatario se muevan automáticamente a una carpeta concreta.

1. En primer lugar, en el cuadro de diálogo Crear regla, observe las opciones de las que dispone.

2. En primer lugar, hay que seleccionar la condición que debe cumplir la regla. Verá que hay varias condiciones que son muy variadas. En este caso, marque la casilla de verificación llamada El asunto contiene.

3. Como acción para la regla vamos a seleccionar Mover el elemento a la carpeta. Un cuadro de diálogo llamado Reglas y alertas aparecerá. Elija la carpeta a la que quiere desplazarlo.

4. Ahora pasaremos a escoger a quién se ha enviado. Vaya a Enviado a. Allí deberá escoger las características de la condición y de la acción. En este caso, escogeremos la opción sólo yo para limitarlo a los correos que se dirigen únicamente a usted. Observe que es la segunda regla que aplica.

5. Si quiere definir características más restrictivas, haga clic en el botón **Opciones avanzadas**. Verá que tiene la opción de definir casi todo lo que pueda imaginar.

6. Por último, haga clic en **Aceptar** para que su regla sea válida en los futuros correos que reciba.

Como ve, el proceso es muy sencillo. La única traba se encuentra en la gran cantidad de combinaciones que pueden darse entre las condiciones y las acciones disponibles, por lo que le recomendamos que pase algún tiempo experimentando con las diferentes posibilidades para sacar el máximo partido a esta útil función de Outlook 2010.

Recuerde que estas reglas no sólo están disponibles para los mensajes de correo, sino también para los mensajes de los grupos de noticias. Pruebe a establecer reglas también para éstos.

Capítulo 6
Otras formas
de comunicarse

Orígenes

El correo electrónico, en sus orígenes, sólo se podía emplear mediante un ordenador que dispusiera de un programa cliente de correo correctamente configurado y que se conectara a un servidor de correo para enviar y recibir mensajes. El espectacular desarrollo de la Web trajo consigo una interesante posibilidad: el correo Web. Gracias a éste, es posible leer y enviar mensajes desde cualquier navegador Web sin tener más programas instalados ni configurados. Ante esto surgen varias preguntas, ¿cómo funciona?, ¿qué posibilidades tiene?, ¿es mejor que el correo tradicional también conocido como correo POP (*Post Office Protocol*, Protocolo de correo electrónico)? En primer lugar, veremos brevemente en qué se diferencia del correo POP, así como las ventajas de cada sistema para pasar luego a conocer cómo trabajar con una de las diferentes opciones disponibles.

Cómo funciona el correo Web

En primer lugar conviene saber cómo funciona el correo electrónico POP. Cuando se envía un mensaje de correo electrónico, éste sigue un camino muy parecido al de una carta postal. La persona que quiere enviar el correo electrónico lo escribe y, una vez terminado, da la orden de enviarlo. En este caso su ordenador se pone en contacto con su servidor de correo, se identifica

y le envía el contenido del mensaje. El ordenador del remitente funciona como un buzón, en el que esa persona deposita su carta para que llegue a su servidor de correo electrónico, que actúa como la oficina local de correos (de hecho, ése es el significado literal de las siglas POP).

El símil seguiría de esta forma. Esa oficina consulta los datos de destino del correo y lo envía por el canal más apropiado a la oficina postal más cercana al destinatario. Desde allí el cartero llevará la carta hasta el buzón del destinatario, que podrá cogerla en cuanto abra el buzón de su casa. En el caso de un correo electrónico, el servidor del remitente analiza la dirección a la que va destinado el correo electrónico.

A continuación, lo transmite al servidor del destinatario, donde se quedará almacenado hasta que el destinatario se conecte a Internet y ponga en marcha su programa de correo para recibir los mensajes nuevos. El mensaje de correo escrito por el remitente pasa de su ordenador al primer servidor, de éste al servidor del destinatario y de aquí hasta el equipo del destinatario. Al final sólo queda una copia del mensaje en el ordenador del destinatario. Si dispone de una cuenta de correo Web no necesitará un programa como Outlook, un navegador Web será suficiente. De esta manera, el paso del ejemplo en el que el usuario ejecuta el programa cliente de correo para que se ponga en contacto con su servidor y se descargue los mensajes se convierte en un acceso a una página Web. Con una cuenta de este tipo, le bastará con ejecutar el navegador Web y acceder al servidor de correo Web, por ejemplo, Hotmail (`http://www.hotmail.com`). Allí se le pedirá su identificador y clave. Una vez verificada su identidad, el navegador Web le mostrará los contenidos de su correo electrónico y le permitirá enviar mensajes.

La diferencia fundamental entre el correo POP y el correo Web es el sitio en el que se almacenan los mensajes. En el correo POP, el mensaje se almacenará en su ordenador y en ningún otro sitio. En el correo Web, el mensaje siempre permanece en el servidor. Por este motivo, el correo Web es muy interesante si suele desplazarse de un sitio a otro o si quiere consultar su correo en un lugar en el que no tenga acceso a su ordenador. Podrá consultar su correo Web y enviar mensajes desde cualquier lugar del mundo en el que tenga acceso a Internet.

Ventajas del correo Web

La mayor ventaja es que el correo Web, hasta el momento, es gratuito. Hace un par de años, los distintos proveedores limitaron sus posibilidades. Hoy, se puede disponer de correo Web gratis, con las posibilidades más avanzadas en todos los casos. La única contrapartida suele ser que, a cambio, se le mostrarán anuncios constantemente.

Gracias al aumento del espacio que permiten los proveedores, han proliferado programas como Gspace que permiten utilizar ese espacio para almacenar archivos, de manera que consigue tener un disco duro virtual.

Otra de las opciones que, anteriormente, era de pago pero que hoy ofrecen casi todos los proveedores, es hacer compatible su cuenta Web con su programa habitual de correo POP.

La segunda ventaja ya se ha mencionado. Es posible acceder al correo Web desde cualquier parte. Sólo hace falta recordar la dirección Web (en este caso, `http://www.hotmail.com`), el nombre de usuario y la clave. Sin más datos que éstos podrá acceder a su correo desde cualquier ordenador conectado a la Red. Esta posibilidad es muy interesante cuando esté de viaje, ya que podrá mantener el contacto con sus amigos y familiares sin tener que acarrear con un ordenador, un módem, complicadas instrucciones de conexión a Internet en el extranjero, etc. Bastará con visitar un cibercafé y, en pocos minutos, estará actualizado. También es muy útil para acceder desde el trabajo a su correo personal.

Obviamente no todo son ventajas. La primera desventaja es que sólo se pueden leer y escribir mensajes de correo mientras se esté conectado a Internet. Si emplea una conexión de banda ancha como ADSL o cable, o tiene una tarifa plana de teléfono, generalmente no será un problema, pero si cada minuto de conexión le cuesta dinero, este sistema le saldrá más caro que un correo POP.

El correo Web ha sufrido una gran evolución desde hace muy poco tiempo. Como veremos más adelante, la incursión de Google ha hecho que incluso Microsoft abandone su planteamiento de cobrar por cada correo electrónico que se envíe desde la Red.

En el correo Web los mensajes se almacenan en el servidor, cuya capacidad suele variar. Con un uso normal de su cuenta, es decir, sin envíos adjuntos de gran tamaño, la oferta de la mayoría de los proveedores es más que suficiente para que no tenga que preocuparse por el alojamiento de sus mensajes.

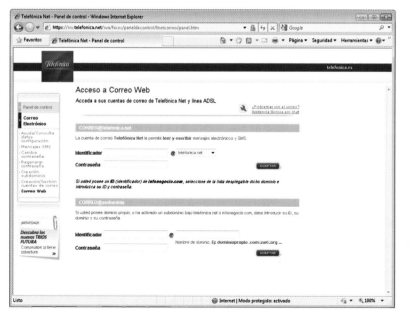

Además, muchas de las opciones ya incorporan la posibilidad de utilizar herramientas de chat para comunicarse con otros usuarios. El hecho de escribir únicamente los mensajes mientras está conectado al correo Web hace que no pueda dedicarles tanto tiempo como con un correo POP. Esto repercute en la redacción del texto.

Si tiene todo el tiempo del mundo para escribir un mensaje y, cuando esté terminado, se conecta y lo envía, como haría con un correo POP, seguramente esté mejor escrito y haya tenido tiempo de pensar mejor en lo que quería decir que, si se conecta a Internet, entra en su correo Web, lee un mensaje y responde a él en pocos minutos. Si el buzón es personal, esto no es muy importante, pero si lo emplea para su trabajo, quizás sea una idea mejor contar con un correo POP.

Una vez aclarados los conceptos básicos, llega el momento de crear una cuenta de correo Web. Aunque son muchas las opciones a las que puede acudir para crear su cuenta, utilizaremos el servicio de Gmail por ser uno de los más avanzados. También tiene la opción de crear su cuenta en otros servicios, como puede ser

Yahoo!, ya que le ofrecen espacio de almacenamiento sin límites. El servicio de correo de Google no sólo le permitirá tener su cuenta personal, sino que podrá adaptarlo para su empresa si lo estima conveniente. Gmail se vislumbra como el futuro del correo Web gracias a sus múltiples posibilidades.

Suscribir el servicio

El proceso para crear una cuenta de correo Web en una página, como puede ser Gmail, es muy sencillo. Sólo tendrá que cumplimentar un sencillo formulario y, en pocos minutos, estará lista. Veamos la forma de hacerlo:

1. Conéctese a Internet, inicie el explorador Web y escriba a continuación la dirección: `http://www.gmail.com`.

2. En la pantalla que aparecerá, haga clic en el botón **Crear una cuenta**.

3. A continuación verá el formulario que debe rellenar para disponer de una cuenta gratuita. Rellene, en primer lugar, los datos sobre la cuenta que le solicitan. También se le solicitará que rellene ciertos datos personales. Recuerde que todos los campos de la primera pantalla son obligatorios.

4. Cuando termine este apartado, desplace la página hacia abajo para seguir escribiendo los datos relacionados con la cuenta de correo.

5. Tras seleccionar un nombre, debe escribir la contraseña para su cuenta. Por razones de seguridad, teclee lo que teclee, en pantalla sólo aparecerá un círculo por cada carácter. El sistema le pedirá que escriba otra vez la contraseña para verificar que la ha escrito correctamente.

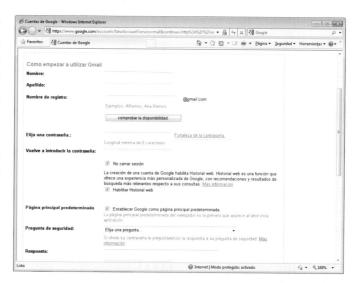

6. Gmail también le pedirá que seleccione una pregunta y su respuesta. Ésta es la pregunta que le hará Gmail si pierde la clave de su cuenta para verificar que es quien dice ser.

7. A continuación le pedirá que escriba las cifras y/o letras de un curioso gráfico. Esta medida sirve para comprobar que es una persona quien solicita el alta y no un programa de ordenador que alguien haya puesto en marcha para crear miles de cuentas desde las que lanzar luego correos no deseados (también conocidos como *spams*). Puede seleccionar, si lo prefiere, que en lugar del texto se reproduzca un archivo de sonido cuyos números deberá escribir.

8. Desplácese hasta el final de la página. Allí Gmail le permite consultar las condiciones de uso del sistema y le pide su confirmación para activar la cuenta. Haga clic en **Acepto. Crear mi cuenta** si está de acuerdo con todas estas condiciones para seguir con el proceso.

9. Es posible que el nombre que ha especificado para la cuenta ya lo esté empleando otro usuario. Este nombre debe ser diferente al de cualquier otro usuario de Gmail, por lo que deberá utilizar otra opción para denominar su cuenta.

Con los millones de usuarios que tiene en la actualidad, no espere que nombres como **Roger**, **Torrent** o **internauta** estén libres. El nombre sólo puede contener letras sin acentuar y números. Si los primeros nombres que se le ocurren ya están reservados, pruebe a añadirle una cifra al nombre para ver si está libre, como, por ejemplo, **jorge984**. Seguramente así consiga dar con un nombre que esté libre. Gmail le propondrá, además, algunos nombres que están libres.

10. Si ha olvidado completar algún campo, verá una alerta sobre los errores u olvidos que ha cometido y que deberá corregir antes de que el proceso de registro se dé por finalizado.

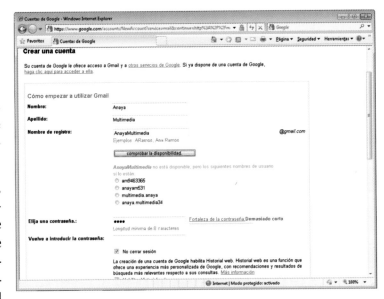

11. Si todo ha ido bien, accederá directamente a su cuenta, donde podrá comprobar que ya ha recibido su primer mensaje de correo electrónico en el que puede leer información de utilidad para trabajar con su nueva cuenta.

12. ¡Ya está! Tras este laborioso proceso, ya tiene su cuenta activada.

En el caso de que elija otro proveedor para darse de alta, el proceso de suscripción suele ser muy parecido al que acabamos de analizar en las líneas de texto precedentes.

Acceso a Gmail

Una vez que tiene una cuenta en un servicio de este tipo, cada vez que desee consultar su correo Web o escribir mensajes, sólo tiene que seguir estos sencillos pasos:

1. Conéctese a Internet, en el caso de que aún no lo haya hecho.

2. A continuación, inicie un navegador Web y escriba la siguiente dirección de Internet: `http://www.gmail.com`.

3. En el recuadro que aparecerá, escriba el nombre de su cuenta en el campo Nombre de usuario y su clave en el campo Contraseña.

4. Haga clic en **Acceder** y entrará directamente en la pantalla principal de su correo Web.

A continuación, veremos cómo está estructurada la página principal de Gmail, cómo crear y leer mensajes y qué posibilidades adicionales ofrece. Insistimos en la similitud de Gmail con otros programas si, en su caso, se decanta por otra opción.

La página principal

Gmail es uno de los servicios que ofrece Google en Internet. La página principal de Gmail no sólo contiene pestañas, botones e información sobre el correo sino que, además, permite ir directamente a más servicios de Google como un buscador, un *chat*, un calendario, un lector de documentos o un sistema de comunidades virtuales llamado Buzz, entre otros. En este capítulo nos centraremos en el manejo de la parte dedicada al correo

electrónico, esto es Gmail, y no entraremos en el resto de posibilidades de Google. La página principal de Gmail reúne los enlaces a toda clase de servicio, y podrá leer sus mensajes, escribir y enviar nuevos mensajes o hacer cambios en la configuración del correo. Esta página principal tiene varias zonas. En la parte superior dispone de accesos a los componentes de Google mencionados anteriormente (Buscador, Calendario, Documentos, Lector, etc.). En la parte superior se encuentra el botón **Salir**, que le desconectará del sistema. Si lo pulsa, abandonará su cuenta. Para volver a entrar tendrá que proporcionar de nuevo su identificador y su clave. En la parte izquierda de la página podrá ver un bloque de opciones con las carpetas disponibles y otros servicios adicionales que no están relacionados directamente con el correo, como Buzz o el *Chat*.

La zona que más nos interesa ocupa el resto de la página, esto es, todo lo que no sea la banda superior. En esta zona podrá ver una serie de pestañas: Redactar, Recibidos, Destacados, etc. La pestaña Recibidos le llevará de vuelta a la página de inicio. Utilícela cuando se sienta "extraviado". A continuación, veremos qué hace cada opción y, más adelante, se mostrarán sus funciones con detalle.

Cuando pulse una opción, ésta cambiará de color para indicarlo y cambiará su contenido, pero el resto de la ventana principal permanecerá igual. En caso de duda, fíjese en qué pestaña tiene un contorno azul; ésa será la pestaña dentro de la que se encuentra.

La primera vez que acceda a Gmail verá, en una segunda pantalla, una invitación para que cree su perfil. El perfil es como la tarjeta de presentación al resto de los usuarios con los que decida compartir su vida cibernética como, por ejemplo, los que decida incluir en el *chat* o aquellos de la red social Buzz de Google. Si quiere ir más allá de la comunicación por correo, le animamos a que lo rellene, ya que también lo podrá usar en otros sitios de Google como Blogspot, un creador de blogs.

La pestaña Recibidos le llevará directamente a la carpeta en la que se almacenan todos los nuevos mensajes que recibe. Aquí podrá leer, contestar o borrar los mensajes que desee. Habitualmente, es el primer lugar al que accederá nada más conectarse. La pestaña Redactar le servirá para enviar sus correos desde cero. La pestaña Destacados incluirá aquellos mensajes que haya decidido marcar, mediante un simple clic, con la estrella que aparece entre el remitente de correo y la casilla de verificación.

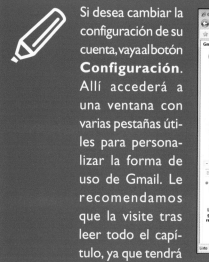
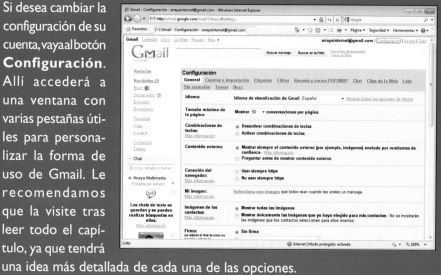

Si desea cambiar la configuración de su cuenta, vaya al botón **Configuración**. Allí accederá a una ventana con varias pestañas útiles para personalizar la forma de uso de Gmail. Le recomendamos que la visite tras leer todo el capítulo, ya que tendrá una idea más detallada de cada una de las opciones.

La Bandeja de entrada

¡Qué mejor que una agradable bienvenida a Gmail! Eso es precisamente lo que se encontrará nada más acceder a la Bandeja de entrada, después de haber creado la cuenta. Como hemos visto antes, el resto de la pantalla no cambiará de aspecto, solamente la zona que se encuentra bajo las pestañas.

La parte más importante se encuentra situada en el centro. Allí podrá ver un listado con los mensajes. Cada uno de ellos le mostrará varios campos de información. El primero es quién le envía el mensaje (De). Haga clic sobre este campo para que Gmail le muestre su contenido.

A continuación verá el Asunto del mensaje, una descripción de lo que trata. Considérelo un resumen o título del mensaje. ¡Y no olvide que los mensajes que escriba luego deben tener uno y que éste debe ser lo más descriptivo posible! El siguiente campo le muestra la fecha en la que le enviaron el mensaje.

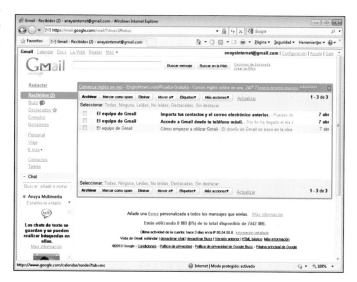

En la columna izquierda dispone de una serie de enlaces a las carpetas existentes, así como botones para administrar carpetas y la inevitable publicidad que conlleva un servicio gratuito (en la parte derecha, al entrar en cada mensaje y encima del listado de mensajes recibidos).

Justo sobre la lista de mensajes verá una serie de botones. Antes de pulsarlos, puede seleccionar uno o varios mensajes con las casillas de verificación que preceden a cada mensaje.

Si desea realizar una acción con todos ellos, bastará con seleccionar **Todas**, que se encuentra justo encima del primer mensaje. Una vez elegidos, podrá realizar varias acciones.

Puede borrar mensajes con el botón **Eliminar**. Puede seleccionar un mensaje como no deseado con el botón **Marcar como spam,** para que Gmail lo considere así y almacene los mensajes de ese remitente en la carpeta Spam.

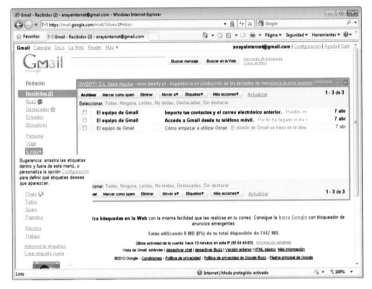

También puede seleccionar **Marcar como no leído,** para que Gmail se lo muestre posteriormente como si lo acabara de recibir.

Esto le puede ser útil si no suele borrar o mover los mensajes de la bandeja de entrada y desea que no se le pase por alto este mensaje la próxima vez que se conecte.

Por último, puede seleccionar una de las carpetas de su buzón de la lista desplegable Mover a y desplazar los mensajes seleccionados a dicha carpeta. En todo momento puede localizar mensajes, gracias al campo superior en el que deberá introducir el mensaje a encontrar y hacer clic en **Buscar mensaje**. Con estas sencillas opciones siempre tendrá organizado su correo.

Todas las opciones que podrá encontrar en su gestor de correo Web tienen como finalidad serle de ayuda para un mejor control de sus mensajes. Tenga en cuenta que, a diferencia de un gestor POP, el tiempo del que suele disponer para trabajar con sus mensajes a través de la Red es algo menor, por lo que todas estas herramientas resultan prácticamente imprescindibles para no perder el control total de sus comunicaciones. En cuanto comience a trabajar con ellas, comprenderá su gran utilidad.

Sí, está muy bien acceder a los mensajes recibidos pero, ¿cómo se crea un mensaje nuevo? Es muy sencillo. Sólo tiene que pulsar la opción **Recibidos,** que encontrará a la izquierda de la pantalla, para pasar a la ventana de edición de mensajes. No se asuste, aunque dispo-

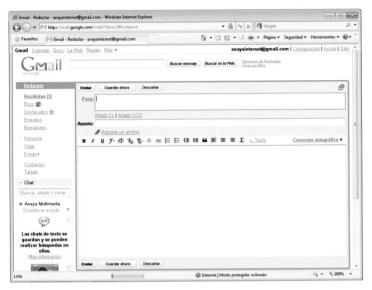

ne de muchos campos, verá que es muy sencillo rellenar un mensaje.

En primer lugar, escriba en el campo Para: la dirección del destinatario del mensaje. Puede incluir más de uno si los separa por comas. En el campo Cc: (Con copia) puede escribir la dirección de alguien que quiere que reciba también el mensaje, activándola mediante el botón **Añadir Cc**. Esta característica suele emplearse para enviar un mensaje a

una persona y notificarle a otra u otras este hecho, algo muy común en un entorno de trabajo. La opción CCO: (Con copia oculta) hace lo mismo pero de forma oculta.

El destinatario principal no verá el contenido de este campo. La última línea, Asunto:, sirve para escribir un título del mensaje para que los destinatarios tengan una idea de lo que trata antes de abrirlo.

Debajo de la última línea dispone de la opción **Adjuntar un archivo**, con el que podrá seleccionar los ficheros que desea incluir junto al mensaje. De esta manera, le enviará al destinatario del mensaje no sólo el contenido de texto del mensaje, sino un documento de Word, Excel, una foto, un pequeño vídeo o una canción, lo que prefiera siempre que se trate de un archivo, el cual tendrá que escoger.

Cuando el destinatario los reciba, igual que si le llega un mensaje con archivos adjuntos a su equipo, podrá seleccionar cuáles desea guardar en su disco duro y cuáles no. Para evitar el riesgo que pueden suponer ciertos tipos de archivos adjuntos, Gmail verifica si contienen virus antes de que los pueda recoger. Si alguno de ellos contiene un virus, el sistema lo eliminará y no le dejará bajarlo, para impedir su propagación.

La zona inferior de la pantalla es el área de texto del mensaje. Escriba en ella el contenido de su mensaje. La costumbre es que tenga un formato similar al de una carta: un saludo, el contenido del mensaje y, por último, una despedida. Si va a escribir mensajes a menudo, seguramente desee dedicarle unos minutos a crear una firma estándar. Una firma es la despedida final del mensaje, que puede tener un aspecto muy simple, como "Saludos, Pedro Pérez", o ser más elaborada y contar con varias líneas que indiquen su nombre, dirección de correo, teléfono, etc.

La ventaja de la firma es que, una vez creada, Gmail la incluirá de manera automática a sus mensajes cuando los redacte. Para crear una firma, acceda al enlace **Configuración** de la parte superior y, a continuación, a la entrada llamada Firma, dentro de las opciones de la pestaña General. En el cuadro de texto que encontrará, deberá escribir lo que desea que aparezca por defecto en todos los mensajes que envíe desde ese momento. Si no la quiere incluir en un mensaje determinado, simplemente deberá borrarla al redactar su correo electrónico.

Una vez termine de escribir el mensaje, pulse el botón **Enviar** si desea enviarlo en ese momento o **Guardar ahora** si prefiere dejarlo para más adelante. Así podrá revisar su contenido, editarlo nuevamente si no le convence, y mandarlo después. El botón **Descartar** sirve para, ¡lo ha adivinado!, desechar el mensaje.

Una copia del mensaje que ha enviado se almacenará de forma automática en la carpeta Enviados, por si lo necesita más adelante. En el caso poco probable de agotarse el espacio asignado por Gmail (en el momento de escribir estas líneas, dispone de 7443 MB), siempre podrá borrarlo. Además, siempre que lo desee, podrá consultarlo para ver qué escribió.

La lista de contactos

Como ya se imaginará, en cuanto empiece a tener cierta cantidad de "correspondencia" electrónica, llevar el control de las direcciones de correo electrónico puede complicarse bastante. Para ayudarle en esta tarea, dispone de una libreta de direcciones, a la que se accede mediante la pestaña Contactos, que encontrará en la parte izquierda de su pantalla. Esta

lista le permitirá asociar el nombre y los apellidos con cada dirección de correo electrónico que dé de alta, así como darle un nombre fácilmente reconocible (llamado normalmente pseudónimo o alias).

Cuando termine de rellenar los datos, pulse el botón **Guardar** para confirmarlo. La dirección recién creada aparecerá en la lista de la parte central.

En el caso de que quiera evitarse volver a incorporar todos los datos de sus contactos, porque ya dispone de ellos en la libreta de direcciones de su ordenador, podrá utilizar la opción **Importar**, que se encargará de añadir a su gestor Web de correo electrónico las direcciones que ya tuviera en otra herramienta.

Otra importante ventaja relacionada con este campo de Gmail es la posibilidad que le ofrece de añadir los contactos de aquellas direcciones a las que haya enviado un mensaje. Y para que le resulte todavía más sencillo, será el propio Gmail quien se encargue de almacenar de manera automática la dirección. ¡Más fácil imposible!

Gestión de mensajes recibidos

El uso del correo electrónico se ha extendido mucho. Hoy en día se emplea para comunicarnos con amigos, como una herramienta más en el trabajo, o para ponernos en contacto con una empresa respecto a cualquier producto o servicio que deseemos. Esto ha provocado que, cada día, millones y millones de mensajes de correo electrónico e desplacen por Internet. Algunos de ellos acabarán en su bandeja de entrada pero, ¿qué hacer si son mensajes comerciales que no ha solicitado? ¿Y si recibe sólo correo pero en gran cantidad? A continuación veremos dos de las herramientas de Gmail para gestionar estas situaciones.

Correo no deseado

En muchas ocasiones recibirá mensajes de personas y empresas que no conoce intentando venderle toda clase de productos. ¿Cómo hacer para que dejen de enviarle publicidad no deseada? Esto es bastante complicado, ya que depende de la buena fe de quien le envía los mensajes pero, vista la forma en que la ha conocido, parece que no va a ser un camino fácil. Gmail le proporciona un sistema más fácil. Le enviarán el mensaje, pero no lo leerá a no ser que lo desee expresamente. Si activa el sistema de mensajes no deseados y da de alta una dirección como origen de este tipo de mensajes, Gmail colocará en la carpeta **Spam** todo el correo que venga de esta dirección. Siempre podrá consultarlo por si el sistema filtra algún mensaje que sí le interesa, pero le evitará tenerlos en la bandeja de entrada.

Por defecto, Gmail se basará en la experiencia de sus millones de usuarios que etiquetan directamente los mensajes como *spam*. Gracias a un robot automatizado, la garantía de fiabilidad del sistema es muy alta, pero no está de más que revise la carpeta Spam de vez en cuando para asegurarse de que no está eliminando mensajes que realmente le interesan.

Filtros

Es posible que no reciba mensajes no solicitados pero que sí reciba una gran cantidad de mensajes. Cuando bastantes de ellos procedan de unas pocas direcciones, puede interesarle activar uno o más filtros en Gmail. De esta manera, nada más recibirlos, Gmail aplicará los criterios especificados en los filtros y clasificará los mensajes. Estos criterios pueden ser una parte del texto que esté presente en el asunto del mensaje o la dirección de procedencia. Si se cumple la condición del filtro, puede elegir entre cuatro acciones, dejarlo en la bandeja de entrada, trasladarlo a la carpeta de *spam*, moverlo a una nueva carpeta cuyo nombre especificará aquí o, finalmente, eliminar el mensaje. Seleccione uno, pulse **Crear un filtro** y, a partir de este momento, el filtro actuará sobre los mensajes entrantes. Para llegar hasta esta pantalla, pulse directamente en el enlace Crear un filtro que encontrará a la derecha del botón **Buscar en la Web**, en la parte superior de la pantalla.

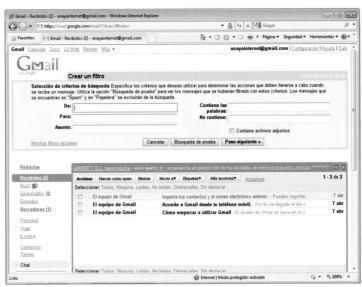

Encuentre un mensaje

En cuanto lleve un tiempo utilizando Gmail, si no borra los mensajes entrantes, seguramente tenga decenas de correos electrónicos repartidos en varias carpetas. Es posible que en algún momento desee localizar alguno de ellos para consultar un dato, una dirección de correo, etc. Para conseguirlo puede ir probando, uno a uno, hasta encontrarlo, o aprovecharse de las funciones de los ordenadores para que hagan el trabajo por usted. En este caso bastará con acceder a su cuenta de correo y allí, escribir en la barra superior el texto que desea localizar.

En ese cuadro de texto es donde debe escribir la palabra o frase que sirva para identificar el mensaje buscado (un nombre, un término, etc.). El texto se buscará en la cabecera del mensaje así como en todo su contenido. En la pantalla podrá ver el resultado de la búsqueda, y para ver el contenido del mensaje simplemente deberá hacer clic. Si no hay resultados, bastará con modificar la búsqueda.

Hotmail

Como dijimos al principio de este capítulo, hemos elegido Gmail como gestor de correo Web por su popularidad entre la mayoría de los usuarios. Sin embargo, uno de los pioneros en ofrecer este servicio en la Red, fue Hotmail, incluso antes de que Microsoft se hiciera con su control. Aunque parece haber perdido la batalla (una vez más) contra Google, sigue siendo interesante que conozca su existencia.

Como parte del paquete Windows Live (conjunto de aplicaciones Web de Microsoft), si ya tuviera una cuenta de este tipo, podrá usarla directamente para acceder al servicio, que podrá encontrar en la página `http://www.hotmail.com`. A pesar de que, en los primeros tiempos del programa, fuera superado en cuanto a capacidad por muchas de las alternativas existentes, actualmente Hotmail ha seguido la política de Yahoo!: ofrecer al-

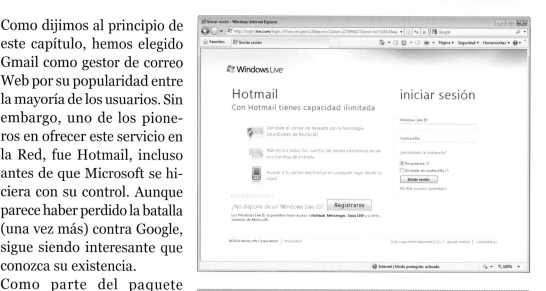

macenamiento ilimitado en sus cuentas, por lo que el espacio deja de ser un problema. La razón de este nuevo enfoque viene de la mano de lo que se conoce como "la nube", que no es sino una estrategia de almacenamiento en multitud de servidores, con un importante ahorro en cuanto a costes.

Tanto si acaba de descubrir Internet como si ya lleva cierto tiempo, prepárese para comenzar a escuchar a acepción "la nube" en la mayoría de las aplicaciones que use, como puede ser el caso de Facebook, que veremos más adelante.

La estructura que presenta Hotmail es muy similar a la que acabamos de ver para Gmail, como puede comprobar en la imagen que acompaña estas líneas. Trabajar con una u otra opción no le supondrá una gran diferencia, por lo que puede utilizar todo lo que ya ha aprendido.

La principal diferencia estriba en la diversidad de servicios que se encuentran asociados a

su cuenta de Hotmail, gracias al uso de la plataforma Windows Live. En la parte superior de la pantalla podrá ver la gestión de fotos, su perfil dentro de Windows Live, así como otras opciones asociadas. Le recomendamos que visite el servicio SkyDrive (que podrá encontrar dentro de la pestaña Más), que trata del almacenamiento que ya hemos visto dentro de "la nube". Gracias a él podrá llevar consigo todos sus archivos,

independientemente del ordenador que use para acceder a ellos.

El otro punto fuerte de Hotmail es su integración con MSN, el portal de noticias de Microsoft. En él podrá encontrar noticias económicas, de motor o toda la información sobre el tiempo. Visite el espacio Hoy, que encontrará en la parte izquierda de su ventana, para ver un resumen de los

principales eventos asociados a su perfil dentro de Windows Live que, por supuesto, incluye su cuenta de Hotmail.

Google Wave

El siguiente paso en el uso del correo electrónico (de hecho, una auténtica revolución de pleno derecho), viene asociado a la ola (*wave*) de Google.

En la actualidad, esta herramienta se encuentra limitada al acceso por invitación. Puede pedirle a algún usuario que ya disponga de cuenta que se la haga llegar. Si no conoce a nadie, puede solicitarla directamente a Google a través del enlace que encontrará en la página principal de Wave. Con sólo rellenar su correo electrónico, entrará en la lista de espera.

Otra cosa que debe conocer para empezar a usar este servicio es que Wave no es compatible de forma nativa con Internet Explorer (el navegador de Microsoft), por lo que deberá instalar una aplicación específica para poder usarlo.

En la página principal de Wave también encontrará toda la información que necesitará para su instalación. Si lo prefiere, también puede usar otro de los navegadores que hemos visto en el libro, como es el caso de Firefox o Chrome.

Características de Wave

¿Qué tiene Wave de revolucionario? Principalmente, que lo une todo. Google he estudiado el correo electrónico y las herramientas de colaboración y ha decidido crear un software que lo integre todo. El principal problema es que, si sus contactos no están usándolo también, no podrá interactuar con ellos.

Wave no deja de ser un correo electrónico pero que integra en tiempo real texto, imágenes, sonido y vídeo. Además, puede cambiar los contenidos en tiempo real y, si su contacto está conectado, verá sus cambios a medida que escribe. Como veremos en un capítulo posterior, ésta es una característica propia de un *chat*, sólo que ahora lo verá también en el correo.

Al crear un *wave* nuevo, verá una pantalla similar a la de un procesador de texto. Allí podrá escribir lo que quiera, teniendo en cuenta que la primera línea servirá para definir el asunto. El siguiente paso será añadir a las personas que quiera que vean su "ola" y definir hasta qué punto pueden participar en ella (por ejemplo, si sólo pueden leer).

En la figura, puede ver la forma de añadir enlaces

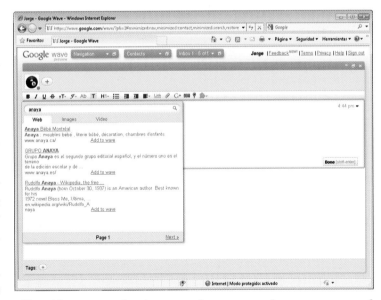

de forma directa desde la aplicación. En cualquier caso, le recomendamos que vea el vídeo que le llegará la primera vez que inicie el programa, ya que las opciones que le ofrece exceden el alcance de este libro.

Comunidades o grupos

Las comunidades o grupos son una versión avanzada de los foros, ya que permiten el intercambio no solamente de mensajes, sino también de imágenes o de información de interés general. Las comunidades o grupos suelen estar gestionadas por uno o varios administradores que suelen ser los encargados de su creación en un primer momento.

Una de las características de los grupos es que, generalmente, parten de la iniciativa de un usuario particular que decide hacer partícipe al resto de la comunidad de sus inquietudes. Existen grupos abiertos, es decir, a los que pueden acceder todos los usuarios que lo deseen, y grupos cerrados, a los que sólo se puede acceder por invitación. A partir de ahí hay dos opciones, ser administrador o usuario. Un administrador se encargará de velar para que los contenidos y las expresiones utilizadas en el grupo sean correctos, básicamente porque muchos de los sitios que alojan grupos tienen programas que se encargan de verificar la existencia de ciertas palabras bajo amenaza de clausurarlo si las encuentran. El usuario puede participar activamente, pero no podrá eliminar mensajes.

Creación de un grupo

En las siguientes páginas utilizaremos otra herramienta de Internet para crear un grupo. En esta ocasión utilizaremos el soporte ofrecido por Microsoft dentro de su plataforma Windows Live, la misma que vimos en el caso de Hotmail.

El primer paso para crear un grupo es acceder a la dirección `http://groups.live.com`. En esta página encontrará un apartado que le invita a crear su propio grupo haciendo clic sobre el enlace. El siguiente paso le solicitará tener una cuenta Windows Live. El proceso para crear una cuenta de este estilo es muy sencillo y, probablemente, ya tuvo posibilidad de verlo cuando creó su cuenta de Hotmail. Si ya posee una cuenta, simplemente haga clic sobre la opción correspondiente, la cual le pedirá que introduzca el nombre de usuario y la contraseña.

Una de las ventajas que tiene trabajar con las opciones que Microsoft pone a su disposición en el entorno de Internet es que sólo tendrá que darse de alta para crear su cuenta en una sola ocasión, ya que será válida para todos los servicios.

El proceso para crear un grupo es, en la mayoría de los pasos, muy similar al de un foro. El primer paso es introducir un nombre para identificar al grupo y una descripción de los temas que se tratarán. Además, tendrá la opción de que su grupo aparezca en las páginas de índice de Live y en su Messenger, si dispone de cuenta propia.

A continuación, deberá definir la directiva de participación. Ésta se refiere a cómo se realizará la participación en el grupo, si éste será abierto y, por tanto, todos los usuarios podrán participar, si estará restringido y, por ello, los usuarios tendrán que solicitar su admisión al administrador o si será un grupo privado al que sólo se podrá acceder por invitación. Entre las otras opciones que podrá configurar se encuentra la eliminación de mensajes de miembros que dejen de pertenecer al grupo. Deberá decidir si los mensajes y los archivos expuestos por miembros antiguos se eliminan totalmente o se mantienen.

Otras opciones que tendrá oportunidad de decidir ya son más estéticas, como es el caso del **Tema**, que servirá para escoger el estilo que quiere aplicar. Dispone de muchas opciones, por lo que tómese su tiempo para escoger la opción que mejor se adapte a la temática que va a crear.

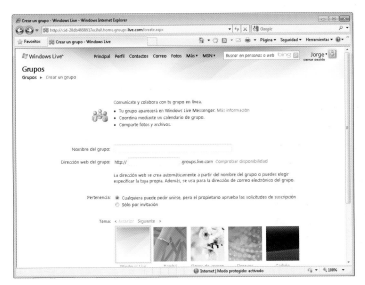

En lo relativo a los mensajes también se le ofrecerá la opción de moderarlos, es decir, aprobar su contenido para que se publiquen o, por el contrario, no moderar y que todos los mensajes aparezcan publicados. Una de las últimas opciones será aquélla en la que deberá decidir si quiere que el grupo que acaba de crear aparezca en los índices y buscadores de Live Groups.

Tras completar el proceso, su grupo estará creado, a no ser que su nombre se encuentre ocupado, momento en el que se le ofrecerán otras opciones.

En la figura anterior puede ver el estado del grupo que acabamos de crear. Como puede observar, a la derecha, aparece una barra de tareas entre las que se encuentran las herramientas para administradores.

Todas las acciones que puede realizar a partir de este momento le serán facilitadas por el uso de los distintos asistentes de los que dispone. La mejor forma de descubrirlas es ir haciendo pruebas con los apartados disponibles. Como muestra, le indicaremos cómo publicar un álbum de fotos dentro de su grupo. El primer paso es hacer clic sobre el enlace **Iniciar una discusión**. A continuación se abrirá una nueva página en la que podrá observar los distintos elementos que puede incorporar a su grupo.

Si vuelve a la página principal, verá que puede personalizar diversos elementos, entre los que se encuentran un panel de mensajes, una carpeta de documentos, un calendario, una lista y el elemento que veremos a continuación, un álbum de fotos.

Tras hacer clic sobre el enlace del álbum de fotos, se nos pedirá que seleccionemos un nombre para describirlo, así como unas líneas sobre el contenido de las fotografías que el visitante podrá encontrar. También será el momento de decidir quién se encargará de administrar el álbum, es decir, si los visitantes podrán borrar, agregar y modificar fotos de uno o de todos los álbumes, o si esta labor sólo le corresponderá al administrador. A partir de este momento, el álbum estará creado, sólo tendrá que agregar fotografías. Para ello seleccione el vínculo **Agregar fotos**. En la página se le ofrece la opción de usar una aplicación que le permite publicar múltiples fotos de manera simultánea. Si prefiere, también podrá agregar las fotografías desde su equipo, en lugar de seleccionarlas y arrastrarlas directamente a la página.

El asistente le pedirá que indique la ubicación de la fotografía, un título y una descripción. Tras agregar la foto, su álbum ya tendrá la primera imagen. Como ya hemos indicado en varias ocasiones, a lo largo de la publicación, deberá elegir que opción se adapta mejor a sus necesidades de comunicación, al igual que ocurría con los distintos proveedores de correo electrónico.

En cualquier caso, antes de tomar una decisión, le recomendamos que siga leyendo para ver, en un capítulo posterior, los *blogs*.

 Como puede ver, los grupos pueden servir tanto para compartir un tema común como para mostrar sus imágenes a los miembros de la Red o a las personas que invite a participar. Una opción que ya toman algunas parejas es crear un grupo con las fotos de su boda para que todos los asistentes puedan verlas, aunque se encuentren lejos.

Capítulo 7
Chat y mensajería instantánea

Comunicarse en red

Internet es una herramienta cuyo propósito fundamental es facilitar la comunicación. Como se ha visto hasta el momento, existen muchos servicios de comunicación, como las páginas Web con contenidos de toda clase o el correo electrónico. La publicación de páginas Web es el equivalente electrónico de la publicación en papel. El correo electrónico, de forma todavía más clara, es el equivalente electrónico del correo postal. Entonces, ¿existe un equivalente en Internet de las llamadas telefónicas? Como no podía ser de otra forma, la respuesta es sí. A lo largo del capítulo se verán los sistemas más populares y útiles de conexión en tiempo real como IRC (*Internet Relay Chat*, Protocolo de conversación en tiempo real), o la mensajería instantánea de Yahoo! o Windows Live Messenger. De hecho, se puede hablar realmente por teléfono a través de Internet, gracias a la revolución de la voz sobre IP, que parece que ya ha llegado de la mano de Skype y otros, hasta el punto de incluir la videoconferencia.

Chat

El *chat* es uno de los servicios más extendidos de Internet. El nombre técnico del sistema original de chats por Internet es IRC.
Este protocolo permite que varios usuarios utilicen el software de cliente IRC para conectarse a un servidor IRC y hablar entre ellos. Este software facilita la creación de espacios separados, llamados canales, dedicados a temas concretos.
Es como si todos los usuarios

interesados en un tema determinado se reuniesen en una habitación concreta, específica para ellos. De esta forma, los usuarios de un canal saben que allí sólo está la gente interesada en la temática de ese canal.

Los primeros clientes de IRC eran unos programas muy limitados, que básicamente permitían escribir comandos de IRC y conversar con otros usuarios. Las versiones actuales más elaboradas como el programa mIRC 6.35 ofrecen características muy avanzadas. Tanto es así que los usuarios que se introduzcan en el mundo de los *chats* harán bien en centrarse en los 4 o 5 comandos básicos y dejar de lado todas las opciones adicionales.

Servicios de chat

Además de los chats por IRC, existen muchos otros sistemas para *chatear*. Al comienzo del auge de Internet, casi todos los servicios se usaban por igual. Aunque, al poco tiempo de popularizarse los navegadores Web, el contenido en HTML eclipsó a todos los demás. En ese momento hubo muchas personas que se dedicaron a adaptar los servicios "de siempre" al nuevo formato. Dado que en Internet todo el mundo disponía de un navegador y sabía usarlo, ¿para qué obligarle a descargar y aprender un nuevo programa? Esta idea tan sencilla se plasmó en numerosos servicios de *chat* a los que se puede acceder a través de un navegador Web. Obviamente tienen sus limitaciones, y los usuarios más avanzados echarán muchas características de menos, pero para la mayoría de la gente son más que suficientes.

La mayoría de los grandes portales disponen de sus propios sistemas de *chat*. Curiosamente, en los chats a través de la Web sí se suele hablar de "salas" o "habitaciones" en lugar de "canales" como en IRC. Muchos de los *chats* en la Web necesitan que tenga instalado Java en su ordenador. Si no lo tiene, lo más probable es que la propia Web le ofrezca la posibilidad de instalarlo, ya sea mediante la visita a una página exterior o permitiendo la ejecución de un control ActiveX que lo hará automáticamente.

Los *chats* en la Web tienen un aspecto muy parecido al mostrado por el programa mIRC. Cada sistema de *chat* es propio de cada Web y, aunque todos se parecen, con el tiempo descubrirá pequeñas diferencias. Es muy posible que uno disponga de unas características de las que carezca otro. Afortunadamente, suelen ser muy sencillos de usar para facilitar la labor de los usuarios primerizos. Todo lo que en los *chats* IRC puede parecer intimidatorio aquí es exactamente al revés.

Ya.com

El portal Ya.com dispone de una opción de *chat* a través de Web. Allí podrá conversar en castellano con miles de usuarios distintos sobre cualquier tema que le interese. Este servicio precisa que tenga instalado Java en su equipo. Si no dispone de él, la instalación se realizará a través de ActiveX, por lo que deberá permitir que se ejecute esta opción. Para ello, simplemente deberá hacer clic sobre la parte superior que le muestra los elementos bloqueados. Posteriormente, deberá aceptar la ejecución del componente para terminar con la instalación.

Para acceder a él sólo tiene que visitar el portal de la Web, `http://www.ya.com` y seleccionar la opción **Chat** en la columna de servicios de la parte inferior. También puede ir directamente a la dirección `http://chat.ya.com`. La página Web que le mostrará su navegador dispone de varios

chats distintos: Canales de Inforchat, Hispachat o Chueca.com. Como es la primera vez que se conecta, lo mejor es entrar en canales de temática generalista, como los que encontrará en **Hispachat** o en **Inforchat**. Seleccione, por ejemplo, éste último y verá aparecer su página principal.

Haciendo una búsqueda en cualquiera de los buscadores que hemos analizado con anterioridad, podrá encontrar otras opciones para chatear, especialmente si busca canales en otros idiomas o de una temática más especializada. Además, muchas bitácoras ya incorporan herramientas para que los usuarios que se encuentren conectados en ese momento puedan conversar entre ellos, por lo que su "bautizo" no debería ser en absoluto complicado.

Página principal de Inforchat

Como viene siendo habitual en las páginas de inicio de toda clase de servicios Web, cada zona está dedicada a una función. En la parte izquierda de la página inicial de Inforchat dispone de varios botones con las diversas funciones. Podrá incluir de forma gratuita el *chat* de Inforchat en su Web (**Chat gratis para tu web**), reservar el *nick* (o alias, lo verá más adelante) u

obtener ayuda (**Ayuda**). Al registrar su *nick*, nadie más podrá usarlo. Esta opción es interesante si piensa acceder a menudo, ya que será su única forma de identificarse ante los demás. Si opta por no registrarlo, al intentar conectarse un día, puede encontrarse con que otro usuario ya lo está empleando y tendrá que usar otro distinto para esa sesión.

Reservar un *nick* es muy sencillo. Sólo tendrá que escribir el alias deseado y, si está libre, rellenar un sencillo cuestionario. Lo recomendable es probar el chat y, si ve que le gusta, decidir si quiere mantener una "identidad electrónica" perdurable. El panel de la parte derecha muestra información general sobre Inforchat. El número de usuarios conectados (Usuarios On Line) o la cantidad de canales en funcionamiento (Canales activos). Otro enlace interesante es **Ayuda**, que le mostrará algunos de los términos más empleados en los chats. Aparte del mencionado nick, es importante conocer otros dos términos: *Banear* y Privado. *Banear* a un usuario es prohibirle el acceso a un canal. Privado es abrir un canal privado de comunicación con otro usuario, esto es, un *chat* sólo para dos. Con esta mínima introducción, ya está listo para zambullirse en su primera sesión.

Como en todas las partes de la Red, existen unas reglas que deben ser observadas por los usuarios. Es lo que se conoce como la Netiqueta, que puede revisar en http://es.wikipedia.org/wiki/Netiquette.

Iniciar una sesión

Haga clic en el enlace Zona Inforchat de la parte central de la pantalla para pasar a seleccionar un canal en el que conversar. Seleccione un área temática (Ocio y diversión, Aficiones y deportes, De Ligue, etc.) o uno de los canales englobados dentro de esa temática. Puede seleccionar el que más le guste, aunque es posible que alguno de ellos no esté activo, es decir, que no tenga usuarios en ese momento que estén conectados. Cuando elija un canal, Inforchat le pedirá que especifique un *nick* y una contraseña para identificarle. Después, la pantalla cambiará de aspecto y le mostrará varios paneles. El principal ocupa la parte central de la ventana y mostrará lo que escriban todos los usuarios. En su parte superior verá información relativa al *nick* empleado y al canal en el que se encuentra. Bajo el panel central encontrará el campo *chat*, donde debe escribir los textos que quiera compartir con el resto de usuarios.

En la parte superior verá muchos enlaces que se han comentado ya (Emoticonos, Registra tu *nick*, Ayuda, Salir). El cuadro Usuarios muestra una lista con todos los usuarios activos en el canal en ese momento. Si hace doble clic sobre uno de ellos, ¡justo, lo ha adivinado!, podrá establecer una conversación privada con ese usuario.

Es posible que algún usuario diga cosas que le molesten o que, sencillamente, no le interesen. En ese caso puede hacer que el *chat* no le muestre sus contribuciones. Obviamente, no le echará del canal, pero no verá lo que hace, que es casi lo mismo. Para obviar a un usuario, seleccione su nombre y haga clic en el botón **Ignorar**. Su nombre aparecerá precedido de una cruz y, a partir de ese momento, no verá lo que escriba.

La barra de **Opciones** sirve para definir ciertos ajustes de funcionamiento, como el uso de imágenes, de sonido o si desea que se le muestre información adicional. Esta última opción le mostrará un mensaje cada vez que alguien entre o salga del canal, de forma similar a lo que sucede en los *chats* IRC.

Otra barra que deberá tener en cuenta es la inferior, que le permitirá cambiar el color o el tipo de letra, sus atributos así como introducir de una forma rápida y sencilla, mediante un simple clic, los emoticonos predefinidos. También podrá cambiar de canal con mucha facilidad haciendo clic junto al panel de usuarios.

Conexión continuada

Los *chats* son muy interesantes pero, ¿y si lo que desea es conectar a menudo con las mismas personas? Es precisamente un hueco como éste el que han aprovechado los fabricantes de software para crear otra clase de productos que comparten muchas características con los *chats*: los programas de mensajería instantánea.

Estos programas fundamentalmente se emplean para conectar con otros usuarios ya conocidos y para charlar con ellos, transferir archivos, realizar sesiones de videoconferencia o utilizar aplicaciones de forma compartida. Existen varios sistemas como Yahoo! Messenger, ICQ o Windows Live Messenger, pero el más extendido es, una vez más, el creado por Microsoft: Windows Live Messenger.

Instalación

Estos son los pasos necesarios para descargar, instalar y configurar Windows Live Messenger en su equipo.

1. Conéctese a Internet e inicie su explorador favorito de páginas Web, como puede ser Internet Explorer.

2. Escriba http://windowslive.es.msn.com/messenger/ en el campo Dirección del navegador y pulse la tecla **Intro**. Se abrirá la página Web de Windows Live Messenger.

3. Haga clic en el enlace **Descargar**. Desde allí pasará a la página de descarga.

4. Su navegador probablemente le advertirá de los peligros que puede suponer la descarga de un fichero si no está seguro de su procedencia. Como está accediendo al fichero desde la Web oficial del programa, no hay problemas. El programa que se descargará es un instalador para Windows, por lo que, en esta ocasión, haga clic sobre el botón **Ejecutar** para facilitar el proceso posterior.

5. Cuando termine la descarga, el instalador le mostrará una ventana de bienvenida. Haga clic en el botón **Cerrar**.

6. El programa de instalación copiará los archivos necesarios a su disco y creará un acceso directo en el menú Inicio.

El resto de los programas que podrá instalar con Windows Live Messenger son aplicaciones que le pueden ser de utilidad para mejorar su navegación, como la barra de Bing para hacer búsquedas más rápidas, como ya comentamos en su momento.

Inicio de sesión

Ya tiene instalada la última versión de Windows Live Messenger en su equipo. Ahora le vamos a explicar cómo configurarlo para ponerlo en marcha y poder conversar con otros usuarios.

1. Vaya al menú Inicio>Todos los programas>Windows Live>Windows Live Messenger. En ese momento aparecerá una ventana en pantalla y, al mismo tiempo, el programa situará un pequeño icono en la bandeja del sistema de Windows. La bandeja del sistema es la pequeña barra de información que ocupa la esquina inferior derecha de la pantalla en Windows.

2. Si dispone de una cuenta de correo electrónico de Hotmail o de un Windows Live ID y los ha empleado desde este equipo, Windows Live Messenger intentará conectarse con esos datos de identificación al servicio de mensajería. En otro caso, haga clic sobre el enlace Iniciar sesión con otro Id. de Windows Live ID.

3. Messenger le mostrará una ventana en la que debe escribir su dirección de Windows Live ID y su contraseña. La casilla Iniciar sesión automáticamente sirve para que Windows Live Messenger recuerde esta información y la emplee la próxima vez que lo ejecute. Haga clic en **Iniciar sesión**.

4. Tras unos instantes, si todos los datos son correctos, Messenger le conectará al sistema de mensajería. ¡Ya está conectado!

Lo primero que debe hacer es configurar los aspectos básicos del funcionamiento de Windows Live Messenger. Para hacerlo, vaya al menú Herramientas>Opciones. Se abrirá una ventana en pantalla con varias opciones en la parte izquierda. Las dos más interesantes en este primer momento son Personal e Iniciar sesión. Dentro de la pestaña Personal, podrá elegir el nombre con el que le verán el resto de los usuarios, así como la información de su perfil personal. También podrá definir el tiempo que debe pasar sin actividad antes de que Messenger cambie su estado en el sistema a **Ausente**.

En la opción Iniciar sesión, los campos más interesantes son los agrupados en el bloque General. En éste, seleccione la casilla Ejecutar Windows Live Messenger automáticamente cuando inicio sesión en Windows si desea que el programa se inicie de forma automática. En las opciones Alertas y Sonidos podrá elegir qué avisos quiere recibir y de qué manera. Cuando termine, haga clic en **Aceptar**.

La opción Mensajes será la que deba utilizar para definir cuál será la configuración general de los mensajes, es decir, qué iconos y opciones le permite mostrar. También podrá configurar otras opciones adicionales, como la que le permite guardar de manera automática una copia del contenido de todas las conversaciones que tenga.

Otra opción que deberá explorar es Seguridad. Allí podrá definir cuándo se le pregunta por su contraseña al acceder a las páginas que utilicen el sistema Live.

También tendrá la oportunidad de configurar otros aspectos que serán de especial relevancia en el caso de que utilice un equipo compartido, ya que afectará a los datos y archivos que se almacenan en el equipo que esté utilizando.

La ventana de Messenger

El programa Windows Live Messenger tiene un aspecto muy discreto, una vez puesto en marcha en su equipo. Si no se ha conectado, seguramente sólo aparezca en el área de notificación. Una vez autentificado, lo normal es que ocupe una pequeña parte de la pantalla con su ventana de control. Esta ventana está formada por los siguientes elementos.

En la parte superior dispone de una barra de menús, desde los que podrá acceder a todas las funciones del programa. Bajo ella, se encuentra un elemento gráfico que muestra el identificador empleado para conectar con la red de Messenger así como el estado que le está mostrando al resto de usuarios, así como un espacio que le permitirá configurar un mensaje personal o mostrar a otros usuarios la música que se encuentra escuchando en un momento determinado.

En la parte superior derecha verá la zona en la que Messenger le informa del estado de su cuenta. En primer lugar le mostrará si tiene mensajes pendientes en la cuenta de Hotmail asociada a su identificador. Un simple clic sobre el texto mostrado abrirá una ventana del navegador que se conectará con su cuenta de Hotmail para acceder a los contenidos de su buzón de correo electrónico.

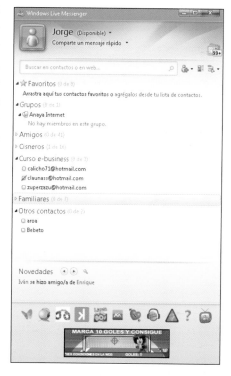

En la parte central, se visualizarán todos los contactos que tenga dados de alta. En la parte superior podrá ver a todos aquellos usuarios que están conectados en ese mismo momento. Bajo éstos, verá a los usuarios que no están conectados. En los dos casos, a la derecha del encabezado verá un paréntesis con el número de usuarios que contiene esa categoría. A continuación, en el siguiente apartado se explicará cómo dar de alta a sus amigos y conocidos para poder comunicarse con ellos mediante las herramientas de Windows Live Messenger.

En la parte superior, a la derecha del cuadro de búsquedas, verá un icono que le será de utilidad para agregar contactos rápidamente. En los siguientes apartados de este capítulo se tratarán algunas de estas opciones en detalle. Justo debajo se encontrará con una opción que le permitirá realizar búsquedas en la Red utilizando el buscador de Microsoft. Como ve, a primera vista, el sistema parece sencillo de usar, y es que realmente lo es.

Funcionamiento de Messenger

Messenger acorta las distancias en Internet. En cierta medida, hace que Internet se comporte como una gran habitación en la que están todos sus usuarios. Así, cada vez que se conecte algún conocido suyo (asimilable a entrar o salir de esa gran habitación) podrá verlo y, a partir de ese momento, entablar una conversación con él o compartir archivos o aplicaciones. Hasta la aparición de los programas de mensajería instantánea, era muy común que varias personas, conocidas entre sí, estuvieran conectadas al mismo tiempo, pero sin saberlo. El coste por minuto de la conexión a Internet es mucho más bajo que el coste de comunicación a través de teléfono fijo, teléfono móvil o de cualquier otro sistema. Esto hace que sea especialmente interesante la posibilidad de conectar con otros usuarios cuando todos ellos estén *on-line*. Para poder hacerlo son necesarios dos elementos: un sistema de comunicación que avise a cada usuario del estado de conexión de su lista de contactos y un sistema que les permita conversar y compartir información.

Una vez que se acostumbre a utilizar Windows Live Messenger diariamente, no se imaginará cómo era su vida antes de conocerlo.

Hará menos llamadas telefónicas, enviará menos mensajes SMS y reducirá sus mensajes de correo electrónico. Messenger suplirá todos esos huecos con menos esfuerzo y coste, y en menos tiempo que antes. El único problema es que se pase demasiado tiempo al teclado y no le queden horas para hacer otras cosas. ¡Avisado queda!, sólo queda decirle que esto puede ocurrir.

 Además, otras cosas que podrá hacer con Windows Live Messenger será disfrutar de una videoconferencia o una conversación por voz con el resto de los usuarios que estén conectados.

Añadir contactos

Para dar de alta a una persona, siga los pasos que se indican a continuación:

1. Haga clic en **Agregar un contacto o grupo**. Se abrirá una ventana en la que podrá elegir el método de búsqueda del usuario.

2. Obviamente, la persona buscada tiene que ser usuario de Windows Live Messenger, por lo que el sistema le ofrece una posibilidad de búsqueda: Dirección de mensajería instantánea. Seleccione la dirección adecuada para el contacto en cuestión y haga clic en el botón **Siguiente**. También tiene la posibilidad de añadir un texto de invitación para el contacto.

3. Después de escribir su texto o aceptar el definido por defecto, haga clic en **Enviar invitación**.

4. Messenger le mostrará la ventana del programa en la que podrá ver el contacto añadido a la lista que haya definido en el paso anterior.

Una de las opciones que puede personalizar de Messenger es la forma de tramitar las solicitudes de alta. Lo normal es definirlo para que el sistema le pida confirmación cada vez que alguien solicita incluirle en su lista de contactos. Por este motivo, es posible que algunos de los contactos que dé de alta no estén operativos nada más dar los pasos anteriores. En general, tendrá que esperar a que esos usuarios se conecten, vean su solicitud y, normalmente, la acepten. A partir de este momento, en cuanto se conecte, ya estarán presentes en su lista.

Enviar mensajes

Una vez definida la lista de contactos, el siguiente paso consiste en entablar una conversación con uno de sus contactos. Para conseguirlo, haga doble clic sobre su nombre o haga clic con el botón derecho del ratón y seleccione Enviar un mensaje instantáneo. Se abrirá una nueva ventana en la que podrá escribir el texto que desee. Lo que escriba será lo primero que vea su contacto, así que es recomendable comenzar con un saludo y una sencilla descripción de sus intenciones. Recuerde la alusión que hicimos con anterioridad a la Netiqueta.

El funcionamiento de esta ventana es muy parecido al de cualquier otra ventana de un sistema de *chat*. Cada uno escribe sus aportaciones en la línea de la parte inferior mientras que, en la parte superior, se irán mostrando los contenidos escritos por todos los usuarios. Las conversaciones en Windows Live Messenger no están limitadas a dos personas. Cualquiera de los dos integrantes puede invitar a cualquier persona de su lista de contactos.

Algo más que texto

Puede aderezar el contenido de su mensaje con los botones **Cambiar la fuente o el color del texto**, con el que cambiará la apariencia del texto, o con **Seleccionar un emoticono**. La historia de los *chats* y mensajes de correo electrónico en Internet está unida a la de los populares *smileys* o emoticonos. Hay que recordar que los primeros ordenadores que formaron la Red Internet carecían de la posibilidad de mostrar o enviar gráficos, sólo podían trabajar con caracteres de texto. Por este

motivo, sus usuarios se esforzaron en sacar el máximo partido posible a los caracteres estándares para añadir a los mensajes de texto parte de la intención y el significado que aporta la información gestual cuando una persona habla con otra.

Una frase tan sencilla como "¿Qué pasó el otro día?" puede interpretarse de forma positiva o negativa. Es más, muchas veces depende del estado de ánimo del receptor. Por eso se añadían construcciones como **:-)** que aclaraban el tono alegre del texto. Para entender este símbolo, obsérvelo con la cabeza girada hacia la izquierda. Es una caricatura de un rostro sonriente. El botón **Seleccionar un emoticono** le permitirá emplear este tipo de información de forma más gráfica y elaborada para dejar siempre claro el tono con el que deben interpretarse sus mensajes y evitar, de esa forma, posibles equívocos.

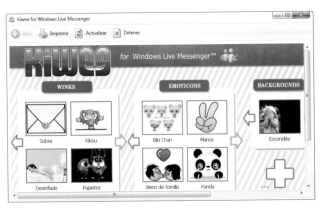

Archivos e imágenes

La comunicación con Messenger no se limita a compartir frases de texto. También puede enviar archivos de toda clase. Para ello, debe hacer clic en el enlace Archivos>Enviar un archivo o una foto que encontrará en la parte superior de la ventana de conversación. Se abrirá una ventana con los contenidos de su equipo. Desplácese hasta la carpeta en la que se encuentra el archivo buscado. Selecciónelo y pulse el botón **Abrir**. El destinatario del archivo debe aceptar la recepción con un clic en el enlace

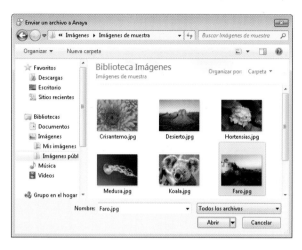

Aceptar. En cuanto lo haga, Messenger le mostrará una advertencia sobre los peligros que puede representar un archivo de origen desconocido y los métodos para minimizar este peligro. Después de leerlo, si pulsa nuevamente en **OK**, comenzará la descarga. Cuando termine, ambos usuarios recibirán un mensaje de confirmación en sus respectivas ventanas. El mensaje mostrado al receptor del archivo le indicará, además, en qué carpeta de su disco se ha almacenado el fichero, así como su nombre.

 No debe dejar pasar la opción de la que acabamos de hablarle. En muchas ocasiones, es mucho más rápido enviar un archivo a través de un programa de este tipo que utilizar para ello el correo electrónico. Además, si se envía dentro de una conversación, puede ayudar a su seguimiento o comprensión.

Además de todo lo que hemos visto hasta el momento, esta última versión de Windows Live Messenger también le muestra una vista previa de la imagen que desea enviar. Esto es de utilidad para poder aceptar o rechazarla en el caso de que ya la tenga. Tampoco le permitirá enviar ciertos archivos que se consideren como potencialmente muy peligrosos para su equipo, lo cual es muy interesante desde el punto de vista de la seguridad.

Audio y vídeo

Las otras posibilidades adicionales de Messenger no se quedan en la simple transferencia de archivos, también permiten entablar verdaderas conversaciones de voz e incluso de voz y vídeo. Si dispone de una Webcam, o cámara especial para videoconferencias, puede hacer clic en el enlace Iniciar la cámara para ponerla en marcha. No es necesario que ambos usuarios dispongan de Webcam o de tarjeta de sonido y micrófono. Si lo tienen, mejor que mejor, pero no es imprescindible.

Una vez el receptor acepte la invitación, se pondrá en marcha la transmisión de vídeo y sonido en tiempo real. Tenga en cuenta que la cantidad de información recogida por la Webcam y por la tarjeta de sonido será habitualmente muy superior a la capacidad de la conexión que tengan los dos extremos con Internet.

Por esta causa, el vídeo no se verá tan fluido como sería deseable y pueden producirse cortes en el sonido. Messenger hará todo lo posible por optimizar el ancho de banda disponible, pero no puede hacer milagros. Si la línea no admite toda la información generada, tendrá que descartar parte de ella.

Al mismo tiempo que mantiene una sesión de videoconferencia o de conferencia de voz, puede seguir escribiendo. Una de las características más interesantes de Windows Live Messenger es que permite emplear varios tipos de comunicación (texto, gráficos, vídeo, sonido, etc.) y, además, varios de ellos al mismo tiempo.

No deje de probar esta herramienta, es tan espectacular como útil. Una de las revoluciones que ha supuesto esta herramienta es la posibilidad de acercar de una forma sencilla la videollamada a los usuarios de la Red. Como ya hemos comentado, la calidad dependerá del ancho de banda que tengan ambos usuarios, aunque gracias a las líneas ADSL de alta velocidad, ya se puede mantener una conversación que podríamos considerar como fluida.

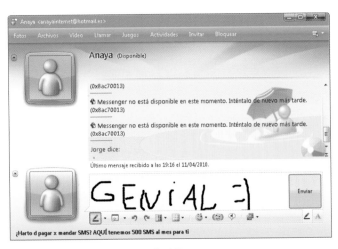

Esta opción se está conformando como una alternativa real a las operadoras telefónicas, ya que permite realizar llamadas, ya sea sólo de voz o añadiendo vídeo a precio de conexión a Internet. Esto ya ha supuesto que las compañías bajen sus precios, ofreciendo incluso tarifas planas junto a la conexión a la Red, algo impensable hace unos años.

Skype

A lo largo del capítulo hemos hablado en varias ocasiones de la voz sobre IP, y hemos considerado interesante analizar un programa que no sólo tiene todas las características de la mensajería instantánea, sino que además permite llamar desde un ordenador u otro dispositivo compatible, a un teléfono normal.

A primera vista, Skype es una aplicación muy parecida a la mensajería instan-

tánea, pero si activa la pestaña **Llamar**, los contactos se transforman en un teclado que le permitirá realizar llamadas a cualquier parte del mundo. La principal ventaja es que los precios de este tipo de telefonía son mucho menores que los de la tradicional, lo que repercutirá en un beneficio claro para su economía.

Además, si dispone de un micrófono y de una cámara Web, podrá utilizar las funciones de videoconferencia de esta aplicación. Recuerde que, en el caso de Skype, puede tener hasta 100 usuarios simultáneos formando parte de la misma conversación.

El éxito de este programa se ha traducido en la aparición de numerosos dispositivos que funcionan como un teléfono normal y que no necesitan un ordenador para

utilizar esta herramienta. Además, en el ámbito empresarial, ha desplazado a otras soluciones como el Polycom, que tenían un coste alto y requerían, además, una conexión RDSI o una IP dedicada de manera exclusiva.

Capítulo 8
Transferencia
de archivos:
FTP y P2P

Compartir archivos

Internet es una red de comunicaciones, y eso es precisamente lo que hace: transmitir información entre dos equipos conectados a la Red. La forma más básica de transferencia de información es enviar un archivo de un ordenador a otro: "copiarlo" a través de Internet. Si se piensa un poco, tal y como se ha visto, ésa es la función que realizan los programas de correo, que copian archivos de texto de un buzón a otro, también lo que hacen los servidores Web, que proporcionan los archivos de las páginas a los navegadores, etc. Pero, ¿qué hacer si se desea copiar archivos de un ordenador a otro sin más? Esta necesidad ya se les planteó a los pioneros que pusieron en marcha Internet, que crearon los servicios adecuados para transferir información mediante distintos protocolos. Un protocolo no es más que un conjunto de normas que sirven para que dos ordenadores, con sistemas operativos distintos, con programas creados por distintas personas, dispongan de un lenguaje común para comunicarse.

¿Qué es el FTP?

El protocolo más empleado para transferir ficheros es FTP (*File Transfer Protocol*, Protocolo de transferencia de ficheros). Como la mayor parte de los servicios de Internet, necesita que un ordenador tenga instalado y configurado el software de servidor FTP y que el otro extremo tenga instalado y configurado el software de cliente de FTP. Con estos dos elementos, la

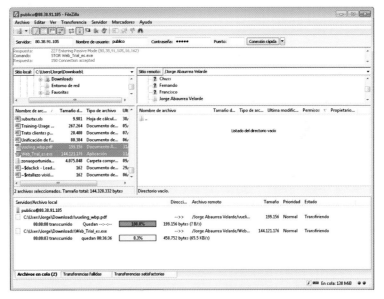

conexión es inmediata. El cliente sólo debe indicar la dirección del servidor al que quiere conectarse, así como un nombre de usuario y una contraseña válidos. El servidor recibe su petición y le permite acceder a los archivos adecuados, que el cliente podrá descargar a su ordenador. Si el usuario dispone de los permisos adecuados, también podrá subir archivos al servidor para que accedan a ellos otras personas. En las siguientes páginas se utilizará el programa Filezilla, posiblemente el cliente FTP más conocido hoy en día, para mostrar el funcionamiento de este tipo de programas.

¿Qué es el P2P?

Recientemente se ha disparado el interés por los archivos de música en formato MP3 y por las películas en formato DivX, entre otros tipos de contenidos. Esto ha hecho que más y más usuarios estén interesados en compartir estos archivos. El problema está en que la mayoría de esos archivos contienen información con derechos de autor. Quien los aloje en su servidor seguramente tendrá problemas legales con los dueños de esos derechos de autor.

Con este caldo de cultivo no es de extrañar que programadores de todo el mundo se dedicaran a crear distintos sistemas de intercambio de archivos que no guardan los ficheros en un servidor central. Este tipo de conexiones se conocen como P2P (*Peer to Peer*, De igual a igual) .

En los sistemas P2P, cada usuario se conecta, de forma casi anónima, a un servidor central que le pone en contacto con el resto de usuarios.

Para conseguirlo, cada usuario debe tener instalado un programa P2P, como eDonkey, eMule o Elephant. Estos programas permiten compartir parte de los contenidos del disco duro y también disponen de una carpeta en la que almacenan los archivos recibidos a través del sistema.

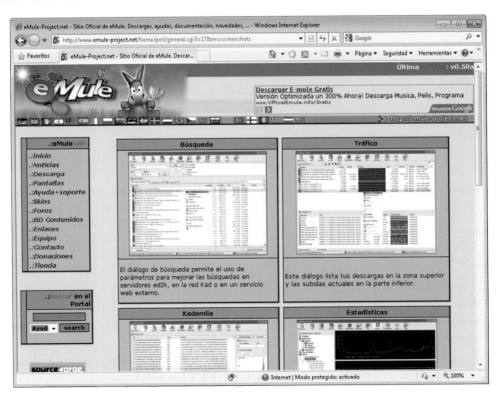

Aplicaciones FTP

Tal y como se ha visto antes, un cliente FTP es el programa que ejecutará el usuario en su equipo para acceder a los archivos de un servidor FTP de Internet. Uno de los clientes FTP más populares actualmente es FileZilla, cuya última versión en el momento de escribir estas páginas es la 3.3. Esta popularidad se refleja, como se verá más adelante, en la gran cantidad de opciones que tiene. Las opciones básicas son las que empleará más a menudo y muchas de las más avanzadas sólo le serán de utilidad si tiene necesidades muy específicas.

Instalación

A continuación se muestran los pasos necesarios para descargar el programa FileZilla e instalarlo en su equipo.

1. Conéctese a Internet e inicie su explorador favorito de páginas Web, como puede ser Internet Explorer.

2. A continuación, escriba `http://filezilla-project.org/` en el campo Dirección del navegador que esté utilizando y pulse la tecla **Intro**. Como resultado, se abrirá la página Web del proyecto Filezilla, una solución de código abierto realmente interesante.

3. Ahora, haga clic en el enlace Download FileZilla Client que encontrará en la parte central de la pantalla.

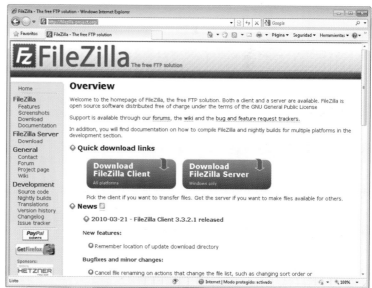

4. Tras esto, su navegador probablemente le advierta de los peligros que puede suponer la descarga de un fichero si no está seguro de su origen. Como no hay dudas en este caso, haga clic sobre el botón **Ejecutar** para comenzar la descarga.

5. Cuando finalice la descarga del archivo, se le volverá a preguntar si desea ejecutarlo. A partir de ahí, el asistente le ayudará en el resto del proceso.

Antes de empezar

Ya está instalado el programa en su equipo, ahora sólo tiene que configurarlo a su gusto y empezar a utilizarlo. Es aconsejable que cree una carpeta concreta de su disco duro para almacenar los archivos que se descargue de la Red. Así tendrá localizados todos estos ficheros y podrá analizarlos con detalle o copiarlos en un DVD o un lápiz de memoria más adelante. Puede crear, por ejemplo, la carpeta C:\Descargas para contener los archivos que obtenga por FTP. Es interesante analizar los archivos descargados para saber si contienen virus antes de instalar los programas en su ordenador. Tenga en cuenta que no siempre descargará un programa del sitio FTP del fabricante, en el que podrá depositar toda su confianza. Lo normal es acceder a un gran servidor FTP, que contiene numerosos programas y archivos de los más variados orígenes, y descargar los que le interesen. Por este motivo es muy importante analizar los programas descargados con un antivirus puesto al día. Así sabrá si alguno de los programas es una amenaza para su equipo. Los administradores de los principales servidores FTP de Internet son conscientes de este problema y analizan los archivos que alojan, pero no está de más que se asegure y lo compruebe por su cuenta. No se fíe de que otras personas hagan el trabajo en su lugar y tome las precauciones adecuadas.

En cualquier momento volverá a tener la posibilidad de crear carpetas para sus descargas, ya sea desde el propio programa o desde el explorador de Windows.

La ventana principal

Ponga en marcha FileZilla haciendo clic sobre Inicio>Todos los programas>FileZilla FTP Client>Filezilla. Al iniciarse la aplicación, verá la pantalla principal del programa en su monitor.

Como puede ver, la ventana está dividida en varias partes, que se describen a continuación:

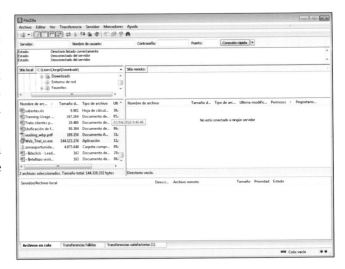

- **Barra de menús:** Es la barra situada en la parte superior de la ventana, bajo la barra de título. Contiene todos los menús con los que podrá acceder a las diversas funciones de FileZilla.

- **Barra de botones:** Se sitúa justo bajo la barra de menús. Aquí se muestran los iconos correspondientes a las herramientas y acciones más comunes en FileZilla para que le sea más fácil y rápido acceder a ellas.

- **Directorio local:** En la parte central de la pantalla, se encuentran dos ventanas. La situada en la parte izquierda es el directorio local y muestra los contenidos de la carpeta indicada en la lista desplegable de su parte superior. Piense en ella como en una ventana del Explorador de Windows que muestra los contenidos de una carpeta de su disco duro.

- **Ventana de transferencias:** También conocida como cola de transferencias. Si arrastra una carpeta de cualquiera de las dos ventanas de directorio, esta petición se anotará para llevarla a cabo más adelante con las carpetas mostradas en ese momento. Suponga que la ventana izquierda muestra el contenido de la carpeta C:\Descargas y la ventana derecha muestra el contenido de la carpeta /pub. Si arrastra el fichero index.txt de la ventana remota hacia la cola de descargas, se programará una descarga del fichero /pub/index.txt hasta la carpeta C:\Descargas.

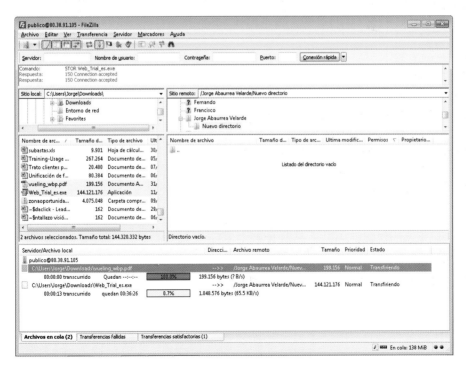

En el momento en el que ponga en marcha la cola de transferencias, éstas se llevarán a cabo en el orden mostrado en la pantalla.

- **Barra de información:** En la barra de la parte inferior de la ventana FileZilla se mostrará información sobre la operación actualmente en marcha. Los datos mostrados son: tiempo transcurrido, tiempo restante, una barra de progreso con el estado de la transferencia así como una indicación numérica del porcentaje transferido, la cantidad de Kb transferidos, la velocidad expresada en Kb/s y el estado de la cola.

Permisos de usuario

Siempre que se conecte a un servidor FTP, éste le pedirá que se identifique con un nombre de usuario y una contraseña. Si está dado de alta en ese servidor, tendrá su propio nombre de usuario y clave, aunque lo normal es que no sea así y que acceda a un servidor con acceso anónimo.

 Los servidores FTP con acceso anónimo suelen ser los que utilizan las compañías de software para permitirle que se puedan descargar las versiones de prueba de sus programas así como los controladores o las actualizaciones que pueda necesitar.

Este tipo de acceso se emplea cuando un servidor FTP debe permitir el acceso de ficheros a cualquier usuario. El nombre de usuario en este caso suele ser *anonymous* (anónimo) y la clave puede ser cualquiera, aunque como cortesía se pide que se emplee la dirección de correo electrónico para saber quién es el usuario. Escriba lo que quiera pero tenga en cuenta que algunos servidores FTP comprueban la validez de la respuesta como dirección de correo. Si accede como usuario anónimo, dentro del programa tendrá los accesos asignados a la categoría de usuarios anónimos.

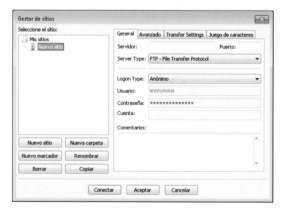

 Para subir sus páginas Web, su ISP le facilitará unas claves que son las que necesitará para acceder a su sitio FTP. Más adelante veremos otras opciones de publicación desde el propio programa.

Permisos de archivo

El estándar FTP no se diseñó pensando en los equipos con Windows como sistema operativo, sino con aquéllos con los que comenzó a funcionar. Estos ordenadores empleaban el sistema operativo Unix, especialmente preparado para trabajar en red. Tanto es así que, a día de hoy, gran parte de los servidores que permiten que Internet funcione siguen empleando variantes de Unix como sistema operativo.

En Unix todo es un fichero. Esta circunstancia permite que cualquier programa que trabaje con ficheros pueda trabajar con toda clase de datos, ya que el sistema operativo los "disfraza" como archivos y esconde sus peculiaridades. Por este motivo, el sistema de archivos de Unix es más potente y capaz que el sistema de archivos empleado en un equipo corriente con Windows. Como el protocolo FTP se diseñó para ordenadores con Unix, proporciona soporte a estas características especiales de los archivos en Unix. Simplificando mucho, un

archivo en Unix puede ser una carpeta (directorio), un enlace (similar a un acceso directo) o un simple archivo. La columna Atributos le mostrará esta información en una línea formada por diez caracteres que representan los atributos del archivo situado en esa línea.

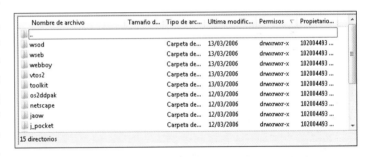

El primero indica el tipo de archivo: "l" si es un enlace, "d" si es un directorio o "-" si es un archivo. FileZilla hace innecesario conocer estos datos, ya que le presentará los directorios con un icono de carpeta y los archivos como tales. Los enlaces se mostrarán directamente con el tipo de archivo al que apuntan. Lo interesante viene a continuación. Los caracteres del 2 al 10 forman tres grupos de tres caracteres cada uno, correspondientes a los permisos del creador del archivo, de su grupo de usuarios y del resto de usuarios. En cada caso se indican los permisos de lectura ("r"), escritura ("w") o ejecución ("x").

Casi todos los archivos que se encuentre tendrán activados varios permisos para su creador y grupo pero sólo el de lectura para el resto de usuarios. Efectivamente, lo ha adivinado, esta categoría engloba a los usuarios que acceden al servidor FTP. Siempre que los atributos de un archivo terminen en "r--" podrá acceder a él.

Las carpetas o directorios son muy peculiares. Para poder entrar en ellas debe disponer de permisos de lectura y de ejecución, por lo que necesita que sus atributos finales sean "r-x". Si accede a un servidor de forma anónima, dentro de él tendrá la categoría de usuario anónimo, con los permisos asociados, que suelen ser muy limitados. En algunos casos, un servidor de FTP anónimo pone a disposición de sus usuarios una carpeta en la que pueden almacenar archivos.

Obviamente, para que esto sea posible, los permisos adecuados deben estar correctamente asignados. Si accede a una carpeta de subida de archivos en un servidor FTP y no puede transferirlos, compruebe los atributos de la carpeta en la ventana de estado de la parte superior. Seguramente encuentre allí la causa. Si no puede subir ar-

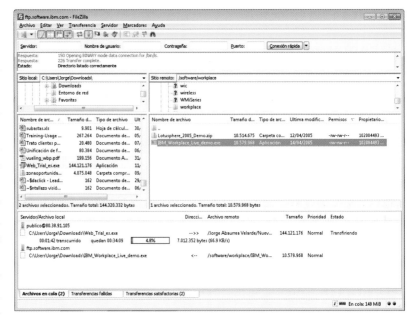

chivos a un servidor FTP, revise los datos de conexión. Si el usuario y la clave son anónimos y no puede subir el archivo, con toda seguridad es un problema de configuración del administrador del servidor. No puede hacer nada desde su equipo, salvo localizar una dirección de correo de ese administrador y notificarle el problema mediante un correo electrónico. Esta dirección suele aparecer en la ventana de registro, nada más conectar con el servidor para poder contactar con el administrador en caso de problemas.

En caso de disponer de un nombre de usuario y de su clave correspondiente, si puede conectarse al servidor esto quiere decir que son correctos. La imposibilidad para subir archivos, por regla general, se deberá también a un problema de configuración. Verifique los permisos asignados por el administrador y, en caso necesario, hágale saber por correo electrónico cuál es su problema. En una situación así, en la que le proporcionen un nombre de usuario y clave propios, lo común es que, al conectarse al servidor FTP, éste le sitúe en una carpeta personal, que suele tener el mismo nombre que el usuario. Esta carpeta suele aparecer como el directorio raíz de la conexión.

La mayoría de proveedores de acceso Internet, además de la conexión, le ofrecerán espacio para alojar su Web personal. En la mayoría de los casos, para subir los archivos de su Web le permitirán acceder al servidor mediante FTP.

Al principio, puede que tenga problemas para relacionarse con los programas de FTP, al igual que pasaba con los de *chat*. Tenga en cuenta que este tipo de programas siguen utilizando los parámetros de los sistemas operativos para los que fueron concebidos, por lo que no debe perder la calma en los primeros momentos. Con un poco de práctica, conseguirá dominarlos.

Transferencias diferidas: archivos en cola

Como ya se ha visto, al arrastrar archivos del directorio local al remoto éstos se transfieren inmediatamente. Si se arrastran archivos desde el directorio local a la cola de transferencias, se anota esta transferencia en el directorio remoto, pero no se pone en marcha de manera instantánea.

Lo mismo sucederá si arrastra uno o varios archivos desde el directorio remoto hasta la cola de transferencias. Esta posibilidad es muy interesante para navegar por un sitio FTP, localizar todos los archivos interesantes, arrastrarlos a la cola de transferencias y, una vez seleccionados, poner en marcha las descargas gracias al botón **Iniciar o detener el proceso de la cola de transferencias**.

Si selecciona alguno de los archivos de la cola y hace clic con el botón derecho, podrá desplazarlo hacia arriba o hacia abajo. De esta forma, cambiará el orden de descarga y podrá poner en primer lugar un archivo o dejarlo para el final.

También puede hacer clic con el botón derecho del ratón en cualquier parte de la cola de transferencias y seleccionar Detener y eliminar todo. Así borrará todas las peticiones pendientes.

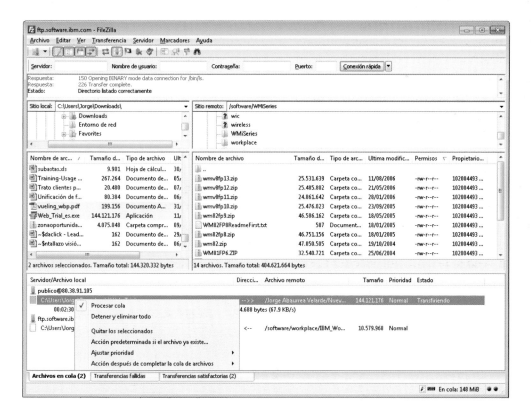

Utilice el navegador como cliente FTP

Los navegadores Web también pueden emplearse como clientes FTP. Aunque sus funciones son más limitadas, siempre le podrán sacar de un apuro. El "truco" para utilizarlos como cliente FTP, si puede llamarse así, está en especificar el tipo de servicio a usar en el cuadro Dirección. Siempre que accede a una página Web como, por ejemplo,

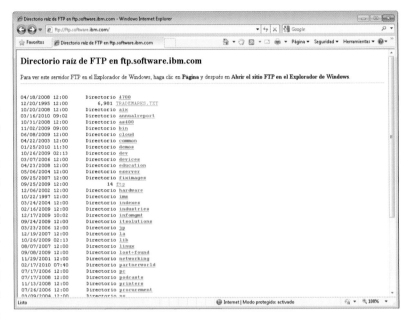

`http://www.terra.es`, se limita a escribir estos datos en el cuadro Dirección. El primer elemento, `"http://"` indica que esta conexión empleará el protocolo HTTP (*HyperText Transfer Protocol*, Protocolo de transferencia de hipertexto), es decir, el sistema de transferencia de las páginas Web. Si escribe esta otra dirección, `ftp://ftp.cdrom.com`, y pulsa **Intro**, el navegador le mostrará el contenido de la carpeta de inicio de ese servidor. Fíjese en que aquí, solamente, podrá ver el contenido que se mostraba en la ventana Directorio remoto en FileZilla. Además, no dispondrá de las posibilidades adicionales del gestor de archivos FTP. Con el navegador tendrá que limitarse a transferir archivos de y hacia el servidor FTP.

En el caso de que no tenga que realizar operaciones más complejas que, por ejemplo, la descarga de un archivo desde el servidor FTP de un cliente, ésta es, sin duda, la mejor opción.

Buscadores de servidores FTP

Al igual que sucede con las páginas Web, también existen buscadores de servidores FTP con los que localizar el equipo que contiene la información buscada para un propósito determinado. El más conocido de ellos es FTPSearch, cuyo funcionamiento se detalla en el siguiente apartado.

FTPSearch

Este servicio comenzó como un experimento en una universidad de Noruega pero, con el tiempo, ha evolucionado. En español se puede acceder a él desde la dirección Web, `http://ftpsearch.elmundo.es`. Inicie su conexión a Internet y su navegador y diríjase a esta página Web. En ella escriba la palabra o palabras que definen su búsqueda y haga clic en el botón **Buscar**.

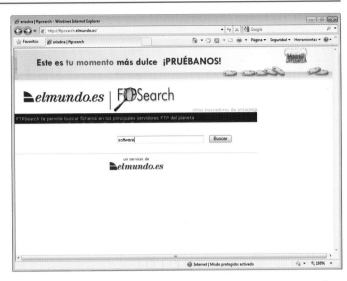

En breves instantes, su navegador le mostrará todos los resultados que se ajusten a los términos indicados. Si hace clic sobre cualquiera de ellos, el navegador comenzará su descarga tras preguntarle si desea almacenar ese archivo en disco. Esta comprobación es muy importante. Siempre que se descargue un archivo, el navegador le preguntará si desea guardarlo. Ese proceso no tendrá lugar sin su visto bueno.

En este caso, no está accediendo a sitios oficiales, por lo que deberá estar seguro del archivo que descarga. Una buena recomendación es que lo guarde en su disco duro y, posteriormente, lo analice con su antivirus antes de ejecutarlo.

Debido en parte a la amplia evolución de los motores de búsqueda, los servidores FTP han quedado en parte relevados a un segundo plano, especialmente si lo que se quiere es localizar un archivo determinado.

En la actualidad, su principal aplicación es para descargas entre dos partes que ya se han puesto de acuerdo y se han inclinado por utilizar el FTP, debido a que su velocidad suele ser algo mayor que la del protocolo HTTP.

En el caso de que quiera localizar un tipo de archivo particular en un motor de búsqueda como Google, debe indicar una cadena de búsqueda particular. Esto puede ser útil, en especial, para encontrar documentos. En primer lugar, indique la cadena de texto que desee buscar y, tras dejar un espacio, incluya lo siguiente: **filetype:TIPO_DE_ARCHIVO**, donde `TIPO_DE_ARCHIVO` se corresponderá con la extensión del archivo que desea localizar. Por ejemplo, para localizar un documento de Word con el título `Liverpool` usaríamos **Liverpool filetype:doc**.

Aplicaciones P2P (Peer to Peer, De igual a igual)

Al comienzo del capítulo detallábamos, a grandes rasgos, cuál era el funcionamiento de las redes P2P, empleadas por cientos de miles de usuarios para compartir sus archivos. Cada usuario, al conectarse al servidor, dispone de la información sobre los contenidos del resto de usuarios, al tiempo que pone a disposición de los demás los archivos que haya decidido compartir.

La realidad es un poco más compleja. Existen cientos de servidores de cada sistema P2P, por lo que no se puede interrumpir su funcionamiento sólo con apagar uno o dos equipos. La Red no puede caer víctima del control de una persona o de una prohibición. Además, cada vez que un usuario solicita un archivo, empieza a descargarse partes de él de tantos equipos como se lo puedan ofrecer. Así obtiene el archivo rápidamente y no depende de que cualquiera de estos ordenadores se desconecte en un momento dado. Es más, nada más empezar a descargarse un archivo, las partes que haya recibido estarán a disposición del resto de usuarios del sistema P2P. Esta peculiar característica es la que hace que, cuantos más usuarios se descarguen un archivo, más rápida sea la descarga para todos ellos, ya que habrá miles de copias del archivo disponibles en los clientes P2P. Cada usuario que empiece a descargarse dicho archivo lo comparte a la vez con todos los demás. Al aumentar

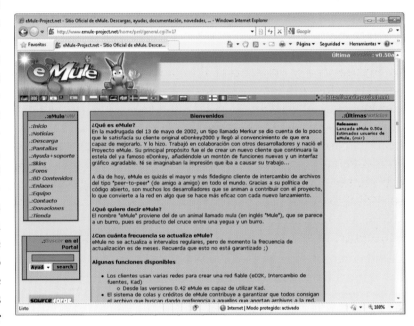

el número de equipos que comparten el archivo, cada uno tiene que dar servicio a un menor número de clientes, por lo que la velocidad final aumenta.

Teniendo en cuenta que cada usuario comparte miles de archivos, que solicitará unos 10 o 15 archivos para descargar y que, en cada momento, hay cientos de miles de usuarios, la imagen de conjunto es impresionante. Millones de PB de datos compartidos de forma anónima por usuarios de todo el mundo viajan de un ordenador a otro constantemente. Sin ningún tipo de control. Se han realizado comparaciones entre los sistemas P2P y el mecanismo empleado por un virus informático que, cuanto más extendido está, resulta más peligroso. En este caso, su potencia es considerada como el peligro.

Eso sí, recuerde que no puede compartir archivos sobre los que no tenga derechos de propiedad intelectual. Hacerlo puede ir en contra de la ley. Existen muchos sistemas P2P, todos ellos con miles de usuarios muy activos, como eDonkey, eMule, BitTorrent, WinMX, etc.

Instalación

Inicie su conexión a Internet y lance el explorador de páginas Web. Escriba la dirección, `http://www.emule-project.net` en el cuadro Dirección y pulse la tecla **Intro**. Haga clic sobre el botón **Descarga** que encontrará en la barra de la parte izquierda. Constantemente aparecen nuevas versiones de eMule. En el momento de escribir este libro, la versión más reciente era eMule 0.50a. Seleccione la versión que le interese de la lista y haga clic en el enlace Descargar de color rojo que aparece bajo ella. Empezará la descarga, si queda bloqueada por su explorador de Internet, autorícela. Esto dependerá de la configuración de seguridad que haya elegido. Cuando finalice, ejecútelo. Lo primero que le preguntará es el idioma de la instalación. Seleccione Español y haga clic en **OK**. Se pondrá en marcha el asistente de instalación de eMule. Haga clic en **Siguiente>** y en **Acepto** si le parecen correctas las condiciones de la licencia. Seleccione los componentes que desea instalar y haga clic en el botón **Siguiente>**. A continuación, el asistente le pedirá que escoja una carpeta para instalar el programa. La que propone suele ser adecuada. Cuando termine, haga clic en **Instalar**.

Una vez copiados todos los archivos, el asistente proseguirá con la configuración de eMule. Primero le pedirá un nombre de usuario. Escriba el nombre elegido en el cuadro Por favor introduce tu nombre de usuario: y haga clic en **Siguiente>** cinco veces seguidas. En todos esos pasos el asistente le pedirá su confirmación para emplear los valores por defecto en varios ajustes del programa. Cuando llegue al final, haga clic en **Finalizar**. La pantalla principal del programa eMule se mostrará en el monitor.

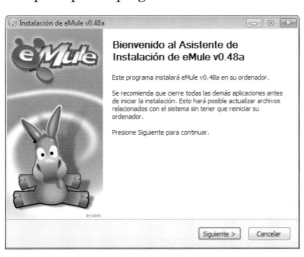

Esta pantalla principal tiene varios elementos. El primer botón de la parte superior sirve para Conectar/Desconectar el cliente de eMule. Los ocho botones siguientes (**Kad, Servidores**, **Tráfico**, **Buscar**, **Compartidos**, **Mensajes**, **IRC** y **Estadísticas**) sirven para pasar de una pantalla a otra, de forma similar a las pestañas de los programas en Windows.

El último botón, **Preferencias**, sirve para ajustar el funcionamiento de eMule y es el primero que debe visitar.

Configuración de eMule

Haga clic sobre el botón **Preferencias** para ver la pantalla principal de ajustes de eMule. A continuación podrá examinar los ajustes recomendables para empezar a trabajar.

- En la categoría General, active las casillas Preguntar al salir e Iniciar minimizado.

- En la categoría Conexión, active las casillas Autoconectar al iniciar y Reconectar al perder la conexión.

- Si planea acceder a Internet para otras cosas mientras emplea eMule, debe ajustar el ancho de banda empleado por eMule. Una línea ADSL de 256 Kb/s descarga datos a 32 Kb/s y los envía a 16 Kb/seg. En la categoría Conexión, escriba un valor inferior al indicado, por ejemplo 96 Kb/s, en el campo Descarga del cuadro Capacidad. Asimismo, en el campo Subida, seleccione un valor más bajo del indicado, como pueden ser 48 Kb/s. Esta última cantidad marca el límite en Kb/s al que proporcionará ficheros a otros usuarios.

- En la categoría Directorios, podrá elegir los directorios empleados para almacenar los archivos recibidos (Archivos entrantes) y para almacenar los fragmentos recibidos por el momento de cada archivo (Archivos temporales). Los propuestos por eMule son adecuados, salvo que tenga alguna necesidad especial. Asimismo, en esta pantalla puede seleccionar qué unidades o carpetas de su equipo quiere compartir con el resto de usuarios. Evite compartir una unidad entera, ya que puede estar compartiendo ficheros personales.

La ventana principal

El aspecto de la ventana principal de eMule es muy sencillo. En la parte superior está la mencionada barra de botones, bajo la cual se halla la parte central, que muestra la información relativa al botón seleccionado. En la parte inferior se halla una barra de información que muestra datos relativos a la cantidad de usuarios y archivos que están accesibles, la velocidad de subida y bajada de archivos y al servidor actual. Al hacer doble clic sobre el apartado situado a la izquierda del todo, se abrirá una ventana con el texto completo. Allí eMule muestra el último mensaje de información o error generado por el sistema.

Servidores activos

El botón **Servidores** le mostrará una lista con todos los servidores conocidos por su cliente eMule. En la parte derecha dispone de controles para dar de alta un servidor nuevo, aunque es poco probable que lo emplee. En la parte inferior dispone de dos pestañas. La primera, Información de servidores, contiene la información que tiene eMule sobre el servidor actual. La segunda, Registro, contiene los mensajes de información o error que se han ido generando.

Información sobre transferencia

El botón **Tráfico** le permitirá acceder a información detallada sobre las transferencias de archivos que tienen lugar en cada momento. La parte superior está ocupada por la ventana Descargas, en la que podrá ver el estado en que se halla cada uno de los ficheros cuya descarga tiene solicitada. Junto al nombre del archivo, encontrará datos relativos al tamaño total del archivo, la cantidad recibida por el momento, la velocidad

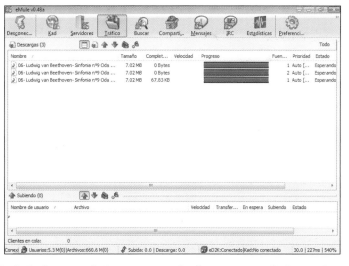

de transmisión actual, la cantidad de fuentes de las que puede descargarse dicho archivo, de cuántas de ellas se está obteniendo información en ese momento, etc. Un dato muy interesante se muestra de forma gráfica en una barra horizontal: eMule le indica, mediante colores, el estado de las distintas partes del archivo. Las zonas de color gris o negro son las partes del fichero que ya ha recibido. Las partes de color rojo son las que no están localizables en ese momento. Las partes de color azul son las que sí están localizadas. Cuanto más oscuro sea el color azul, querrá decir que hay un mayor número de usuarios de eMule compartiendo ese fragmento. Las partes de color amarillo son las que el programa se está descargando en ese momento. La fina barra de color verde de la parte superior indica el progreso total de la descarga. Cuando llegue al extremo derecho se habrá finalizado.

Si hace doble clic sobre una de estas barras, podrá ver en detalle todos los orígenes de información de ese archivo concreto que tiene eMule en ese momento. La columna Prioridad muestra un valor de la forma: `QR:nnnn`. Este valor, QR (*Queue Rating*, o Posición en la cola), marca el lugar que ocupa su cliente de eMule en la lista de espera.

Cuanto más bajo sea, mejor. Si ve que un archivo no parece empezar a descargarse nunca, compruebe el valor indicado en el campo Fuentes del archivo. Este dato tiene la forma `XX/YY (ZZ)`.

El primer valor, "XX", señala la cantidad de orígenes activos que ha encontrado eMule, esto es, con los que ha conseguido entablar contacto. El segundo valor, "YY", marca la cantidad total de coincidencias que ha encontrado eMule al buscar el archivo. El último dato, "(ZZ)", muestra el número de partes que se están transfiriendo en ese momento. En la parte inferior encontrará el cuadro Subidas, en el que eMule le mostrará los archivos que está proporcionando a otros usuarios en cada momento. Por último, debajo de este cuadro podrá ver la cantidad de clientes que están esperando para conectarse a su equipo.

No olvide tener en cuenta todos los valores descritos en el momento de realizar la búsqueda.

Búsquedas en eMule

El siguiente botón, **Búsqueda**, sirve para localizar ficheros en la Red de ordenadores conectados en ese momento al sistema P2P, en este caso a la red de eMule. El conjunto de archivos disponible en eMule es inmenso, pero no puede navegar por él como haría con los contenidos del disco duro de su ordenador. Si desea descargar un archivo de eMule debe localizarlo antes mediante este botón. Eso sí, tenga en cuenta que no se pueden buscar archivos según los contenidos reales que tengan, sólo mediante el nombre que le haya asignado la persona que lo comparta. Todo está a su alcance, pero sólo si sabe cómo se llama. Como puede suponer, es muy fácil que varios usuarios tengan el mismo archivo con

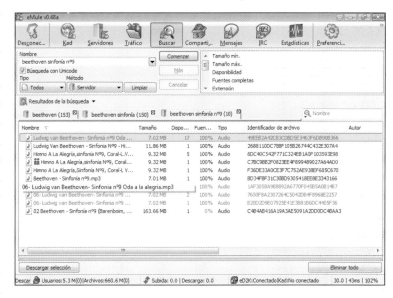

nombres ligeramente distintos. Para sortear este obstáculo, el sistema eMule calcula un identificador de cada fichero realizando complejas operaciones matemáticas con sus contenidos. Este identificador es similar a una huella digital del archivo. Es razonablemente único y rápido de calcular. De esta forma, una vez localizada una coincidencia y, por tanto, el ID del archivo buscado, puede solicitar archivos con el mismo ID del resto de ordenadores. Así, es posible que obtenga partes del archivo de usuarios que lo comparten con el mismo nombre y que obtenga algunas otras partes de archivos con nombres ligeramente distintos. En el fondo, son el mismo archivo.

Nada más pulsar el botón **Búsqueda**, eMule le mostrará una pantalla con las distintas opciones que puede especificar para localizar un archivo. En el cuadro Búsqueda puede escribir la palabra o palabras que conoce del nombre del archivo buscado. Cuando termine, haga clic en el botón **Comenzar** de la parte derecha o pulse simplemente la tecla **Intro**.

En la parte central de la pantalla se encuentra el cuadro Filtro, en el que puede indicar un tamaño mínimo y/o máximo para el archivo, así como su extensión (los últimos caracteres del nombre tras el punto) o la disponibilidad que debe tener. A la derecha verá el cuadro Descarga directa, en el que puede escribir o pegar desde otra aplicación un Enlace ED2K, esto es, un identificador de un archivo dentro de la red eDonkey 2000. Esto se debe a que eMule emplea la misma red que el sistema eDonkey.

Cuando termine la búsqueda, el cuadro de la parte inferior de la ventana, Resultados de la búsqueda, mostrará los archivos encontrados. Seleccione los archivos deseados y pulse el botón **Descargar selección** o haga clic con el botón derecho sobre los archivos marcados y seleccione la opción del menú Descargar. Nada más activar la descarga puede comprobar que eMule ha comenzado el proceso. Haga clic en el botón **Tráfico** y verá que eMule ya está descargando sus archivos.

Puede realizar varias búsquedas. Cada una tendrá asociada una pestaña que indica los términos buscados. Así podrá localizar archivos a la vez de varios tipos e ir solicitando su descarga de forma separada.

Archivos compartidos

En todo momento puede ver el estado de todos los archivos que comparte. Sólo tiene que hacer clic sobre el botón **Compartidos** para que eMule le muestre una ventana con toda esta información. Dado que la lista contiene todos los archivos compartidos, puede ser bastante atareado localizar manualmente aquellos que han solicitado otros usuarios. Recuerde que en este tipo de listas puede hacer clic sobre el encabezado de cualquier columna para que el programa ordene la lista según ese criterio. El encabezado mostrará un pequeño triángulo a la derecha del nombre de la columna. Si apunta hacia abajo, querrá decir que la lista está ordenada de mayor a menor, y viceversa. Un segundo clic sobre el encabezado alternará el sentido de ordenación. Por ejemplo, para ver los archivos más solicitados de su ordenador, desplace el contenido de la ventana hacia la derecha hasta localizar la columna Peticiones. Ahora haga clic una o dos veces sobre ella para mostrar un pequeño triángulo apuntando hacia abajo junto al nombre de la columna. No olvide tener cuidado con el contenido de esta carpeta para que no contenga archivos personales.

Definición

Otro tipo de redes P2P que está ganando terreno de un tiempo a esta parte es el modelo utilizado por programas como BitTorrent, Vuze o Shareaza. Esta tecnología, al igual que la vista en eMule, el programa anterior, comenzó a ponerse de moda al permitir

que las descargas que efectuaban muchas personas no se ralentizaran entre sí, sino todo lo contrario: cuanta más gente se estuviera descargando el mismo archivo, la velocidad de la descarga sería mayor.

La primera vez que apareció este tipo de programa fue en 2002, aunque al aparecer bajo licencia libre, el tiempo que tardaron los desarrolladores en adaptarlo a otros programas fue corto. Este nuevo modelo obligó a los

usuarios de las redes de intercambio a aprender toda una nueva terminología asociada a cada una de las descargas. Veamos algunos ejemplos de conceptos que deberá conocer para sacar todo el partido de la red.

- *Leech* **(sanguijuela):** Un cliente que baja más de lo que sube. En un primer momento, todos los usuarios son sanguijuelas, ya que comienzan sin compartir, aunque con un uso normal esta tasa suele normalizarse.

- *Peer* **(cliente):** Se conoce así a cada ordenador que está conectado a la red y que está transmitiendo datos. Los clientes no suelen tener el archivo completo, sino sólo partes de él.

- *Seed* **(semilla):** Es aquel cliente que tiene una copia del archivo completo y que permite todavía la subida de éste. Debe hacer un mínimo de una semilla para garantizar que el archivo esté completo, aunque puede darse el caso de que, sin hacer ninguna semilla, entre todos los clientes se complete el archivo.

- *Avaliability* **(disponibilidad):** Hace referencia al número de copias completas que se pueden encontrar en la red, juntando todas las semillas y las copias que se podrían crear con los clientes. El valor al que hace referencia este concepto únicamente es válido en cada momento de la conexión, ya que altas y bajas de usuarios pueden modificarlo.

BitTorrent

Es el primer programa de redes que utiliza el sistema Torrent. Para descargarlo, puede visitar la dirección Web `http://www.bittorrent.com/`, en la que encontrará el vínculo Free Download. Una vez que haga clic en él, podrá acceder a la última versión publicada de la aplicación.

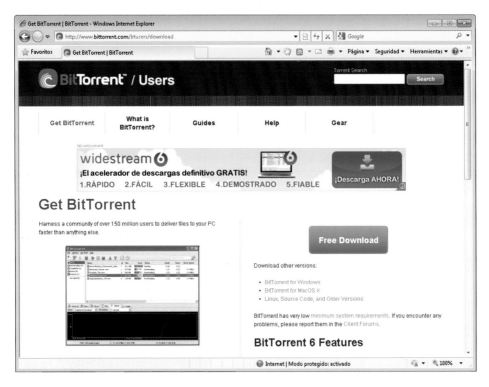

La principal diferencia para el usuario entre el programa eMule que vimos en páginas anteriores, y el que ahora le mostramos viene determinada por el sistema que debe utilizarse para localizar los archivos que quiere descargar. Si recuerda lo que dijimos en páginas anteriores, el eMule incorporaba un sistema para realizar búsquedas en el propio programa. En el caso del cliente torrent que estamos mencionando, al igual que la mayoría de ellos, no está basado en un buscador integrado, sino que debe encontrar los archivos en la Red o le deben ser proporcionados por su socio comercial para poder descargar los contenidos. A priori, esto puede parecer un hándicap del sistema, pero si recuerda lo que dijimos en el capítulo que dedicamos a los buscadores, puede utilizar motores de búsqueda para incluir el tipo de archivos que quiere localizar. Asimismo, no es complicado encontrar en la Red páginas que se dedican a recopilar archivos de este tipo que, posteriormente, puede utilizar para añadir al programa y realizar la descarga.

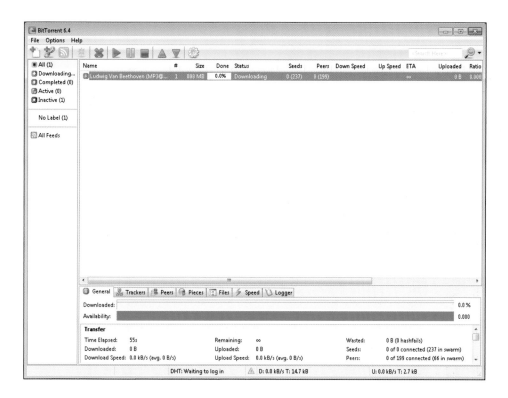

En cualquier caso, no olvide comprobar la disponibilidad de lo que descarga, ya que es posible que nunca llegue a completar el archivo deseado.

BitTorrent es un programa que resulta muy sencillo de utilizar, por lo que no le supondrá un problema comenzar a trabajar con él.

Capítulo 9
Blogs y redes sociales

Distintos collares, mismo perro

No hay una definición unánime sobre lo que es un *blog*, un *weblog* o una bitácora, como también lo podrá encontrar. En principio, podríamos decir que se trata de una página en el que cada creador escribe lo que quiere. Hay usuarios que lo definen como un espacio personal que es público y en el que, diariamente, publican pensamientos, experiencias, etc. Una de sus características es que cada mensaje que se publica aparece con su fecha, por lo que es más

sencillo para los lectores seguir la evolución. Además, suelen ofrecer la opción de que los lectores incluyan comentarios a los mensajes, que se suelen llamar *posts*.

Tipos de blogs

Para hacer nuestro análisis de la tipología de *blogs*, vamos a utilizar la perspectiva de la comunicación empresarial, ya que es la más rica en cuanto a tipos. La división que proponemos en este momento divide en dos los tipos de bitácoras que pueden aparecer, con un tercer subtipo que dependerá de la actuación de la empresa (y que también marcará, en cierta medida, su responsabilidad). Esta

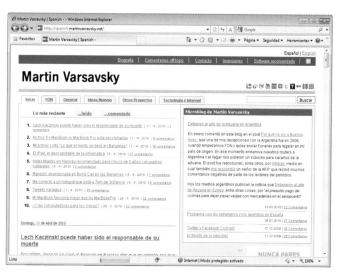

responsabilidad a la que aludimos será importante, ya que regulará, en cierta forma, la calidad de la información que presenta.

Además, es más que común aquellos *blogs* de directivos en los que se da una mezcla de información comercial con aquella que puede ser más personal y, por ende, más similar a la que podemos encontrar en una bitácora particular. Veamos lo que nos encontramos en la *blogosfera*.

La empresa como comunicadora

En una revisión de la figura del portavoz empresarial, especialmente en Estados Unidos, empezaron a aparecer *blogs* en los cuales un alto directivo de la compañía (por ejemplo, el presidente) iba narrando algunos de los pasos que daba la empresa o bien explicaba o justificaba algunas de las actuaciones que se tomaban. Un ejemplo de los muchos que se pueden encontrar en la Red es el de David Neeleman, máximo ejecutivo de la aerolínea de bajo coste JetBlue. En este caso utiliza una denominación más o menos especial (y sobre todo muy corporativa), para referirse a su *blog*, ya que lo denomina *flightlog* (lo que no deja de tener sentido, ya que su trabajo le obliga, continuamente, a estar en aviones y a visitar delegaciones en los más diversos destinos). Hemos decidido mostrar al Sr. Neeleman como ejemplo porque es un caso no demasiado conocido y relativamente reciente (comenzó su

blog el 21 de Septiembre de 2006). Otros ejemplos similares (dos empresarios dentro del Fortune 500) son Bill Marriot, máximo ejecutivo de la cadena hotelera Marriot, o Jonathan Schwartz, de Sun Microsystems.

Esperamos que encuentre interesante la opción que hemos elegido para analizar el mundo de la *blogosfera* utilizando, de primera mano, ejemplos de algunos empresarios que han sabido no sólo adaptarse a lo que podríamos denominar nuevo medio, sino transmitir una serie de valores y mensajes comerciales de cara al cliente, con un lenguaje innovador.

La primera entrada del *blog* de Neeleman justifica la aparición al amparo del nuevo sitio Web de la compañía, actualizado después de más de seis años de vida. Su análisis de la situación (leyendo entre líneas) es que quiere demostrar que su compañía está orientada al cliente, y que, en cualquier momento, puede utilizar el formulario de contacto de su Web para compartir ideas.

En este caso nos encontramos ante la primera categoría de nuestra tipología, aquélla en la que la empresa aparece únicamente como actor que comunica y que puede que responda, pero sin que el usuario tenga la oportunidad de "publicar" en su Web. Estamos, simplemente, ante un *blog* porque guarda su estructura (entradas con una fecha sobre un tema en concreto), aunque no aporta nada nuevo. La comunicación, probablemente, siga estando coordinada desde el gabinete de prensa, sobre todo en casos en los que la figura elegida no se caracteriza precisamente por su elocuencia verbal.

Cuando el lector también puede hablar

Este es el caso más interesante en lo relevante a esta comunicación, ya que el usuario pasa de ser un receptor pasivo a adoptar el doble papel de emisor-receptor, ya que, a través de los comentarios a las entradas del portavoz, puede reaccionar, de forma más o menos pública, al mensaje que éste lanza. Esta diferenciación que hacemos entre más o menos pública viene justificada por la doble división que nos encontramos dentro de esta categoría, ya que los comentarios pueden aparecer directamente en el *blog* después de que el usuario los escriba o, de lo contrario, existe la figura de un moderador que se encarga de leer el mensaje y de publicarlo.

Debe tener cuidado con los comentarios, ya que la justicia ha intervenido en más de una ocasión contra el dueño de un *blog* por los comentarios que en él han aparecido. Es por ello que es recomendable incorporar la figura de un moderador que se asegure de que el contenido de los mensajes es adecuado o, al menos, que no atente contra ninguna ley.

Publicación con moderador

Hemos preferido colocar esta categoría en primer lugar ya que es la más sencilla, por su alta semejanza con la anterior. La estructura es muy similar, por lo que no entraremos en detalle. Lo que si utilizaremos es uno de los ejemplos anteriores, en este caso, el máximo ejecutivo de Sun Microsystems, Jonathan Schwartz. Este tipo de *blogs* suelen ser los más habituales, si bien varía la forma en la que se anuncia al usuario que sus comentarios no van a publicarse directamente en la bitácora.

Puede incluir un texto después de que se envíe cada comentario. Por ejemplo: "Tu comentario ha sido recibido. El autor de este blog se toma el tiempo de leer todos los comentarios antes de publicarlos, reservándose el derecho de no publicar determinados textos. Normalmente, tu comentario tardará un poco en aparecer — no es necesario que vuelvas a enviarlo —¡gracias!".

¡Hagan la prueba! Si intentan hacer un comentario en este *blog* y, posteriormente, actualizan su navegador, la nueva entrada que acaban de escribir no aparece. Ello se debe, a pesar de que no se anuncie como tal en el *blog*, a que este mensaje que se acaba de escribir pasa por algún tipo de sistema de revisión.

La mejor opción para los comentarios es la posición más transparente, en la que indique, sin lugar a dudas, qué motivos apoyan la decisión de su aprobación. De esta manera, sus lectores comprenderán la opción, y, al mismo tiempo, conseguirá transmitir una mayor sensación de seriedad y confianza a toda su audiencia.

Publicación sin moderador

Llegamos al punto más interesante de nuestro análisis y, probablemente, el que tenga más sentido dentro de un libro como éste. Se habla mucho de la Web 2.0 y del nuevo papel de los usuarios como actores activos e interactivos de la comunicación. Dentro de la comunicación empresarial, optar por un *blog* sin moderador y sin ningún elemento de control puede parecer una locura, especialmente porque, desde el punto de vista del marketing, se pierde la posibilidad de tener una agenda importante de consumidores con un perfil alto en cuanto al interés demostrado por la compañía. Es cierto que, en la mayoría de las bitácoras, el usuario debe aportar una cierta información antes de que su comentario sea publicado. Lo más habitual es que se solicite un nombre, una dirección de correo electrónico y una URL.

Resulta más que sencillo poner datos absurdos o inconexos en el comentario de un *blog* sin moderador y , además, ver prácticamente en tiempo real el texto que se acaba de incluir. Utilizaremos como ejemplo la bitácora de otro empresario norteamericano, Michael Hyatt , presidente ejecutivo de Thomas Nelson Publishers. Resulta curioso que el presidente de una empresa editorial haya descuidado este aspecto.

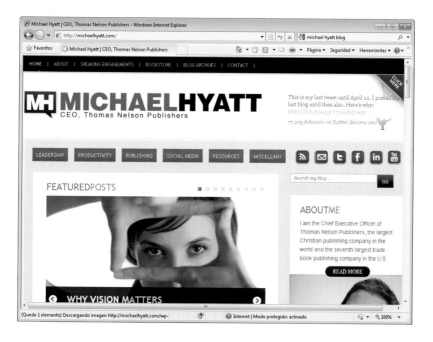

 A finales del pasado 2006 tuvo mucha difusión en los medios de comunicación, generalistas y especializados, la reacción del fiscal del Tribunal Supremo de España, Félix Herrero, en lo relevante al caso `http://www.putasgae.org`, al decir que los servidores no son responsables de las Webs.

Los medios se suben al carro

Durante la primera parte del capítulo, hemos utilizado los *blogs* empresariales como ejemplo para describir la existencia o no de comentarios, así como para mostrar nuestra tipología particular. Llegados a este punto, vamos a mostrar cómo el blog ha trascendido su naturaleza inicial de "diario abierto" para integrarse en los medios de comunicación que, en un primer momento, lo vieron como una amenaza.

El ejemplo más claro lo encontramos en dos de los diarios nacionales con mayor difusión, El País y El Mundo.

El primero de nuestros ejemplos ha optado por dedicar un espacio especial a los *blogs* dentro de su edición digital. Cuenta con más de una veintena de bitácoras, redactadas por todo tipo de nombres habituales del diario, así como por personalidades de otros campos, como puede ser el ejemplo de Hernan Casciari, que escribe un más que recomendable *blog* sobre el mundo televisivo, en el que podrá encontrar también una buena dosis de noticias y recomendaciones sobre Internet.

El otro medio cuenta con alrededor de 50 firmas temáticas y especializadas, de las cuales le recomendamos, especialmente, el *gadgetoblog*, que muestra las últimas novedades de todo tipo de dispositivos tecnológicos, a cada cuál más disparatado e innovador que al anterior. Seguro que lo disfruta y obtiene alguna idea de compra.

Facebook. La mayor red social

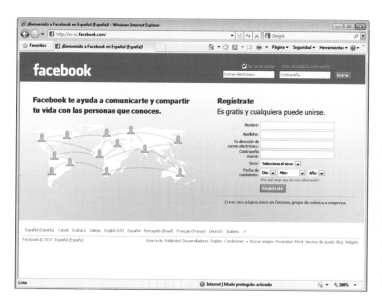

Si hay una novedad que debamos destacar en los últimos movimientos de la Red, sin duda, es la que han protagonizado las redes sociales. Y si debemos hablar de redes sociales, el papel principal, en este momento, es el ocupado por Facebook. La declaración de principios que hacen sus responsables, firmada el 4 de febrero de 2004 (fecha de creación) es bastante ejemplificadora:

"La misión de Facebook es que la gente pueda compartir y hacer del mundo un lugar más abierto y conectado.

Millones de personas usan Facebook cada día para mantenerse en contacto con amigos, cargar un número ilimitado de fotos, compartir enlaces y vídeos y conocer mejor a las personas que les rodean."

Facebook nació en la Universidad de Harvard, de la mano de Mark

Zuckerberg, Dustin Moskovitz, Eduardo Saverin y Chris Hughes. Dejando de lado las diversas disputas legales que se han desarrollado sobre su propiedad, lo que está claro es que lograron crear un punto de encuentro social, hasta el punto de que han revolucionado muchas facetas del día a día.

Cada vez son más los usuarios que disponen de una cuenta en Facebook, e incluso han conseguido romper las fronteras generacionales, ya que tanto mayores como adolescentes se encuentran entre sus usuarios.

La página principal de Facebook

En la figura que le mostramos, puede ver un ejemplo de una página de un usuario de Facebook. Su estructura es muy similar a la de un periódico, ya que en la parte central se encuentran las noticias que, en este caso, son los comentarios de los amigos del usuario.

Si se fija en la parte superior, Facebook le hace una pregunta ¿Qué está pasando?, en la que el usuario puede contar lo que quiera. Esta respuesta del usuario será la que aparezca en la parte central del resto de sus amigos: he ahí la verdadera esencia de esta red.

Este punto de cercanía hace que la implicación sea muy directa, ya que se puede ver desde usuarios que cuentan su estado de ánimo a otros que comparten las últimas noticias o cotilleos. En la parte inferior derecha puede ver un *chat*, que permite al usuario hablar en tiempo real con todos los amigos que se encuentren conectados en ese momento.

En cualquier caso, esto no es lo único que ofrece Facebook. Si dedica más tiempo a observar la figura, verá que aparecen solicitudes (invitaciones que se le hacen al usuario), sugerencias y eventos, entre otros.

Juegos

Otra de las características de Facebook, que también ha contribuido a su gran éxito, viene de la mano de los juegos, desarrollados específicamente para la plataforma, que se caracterizan por ser muy adictivos. Podrá encontrar desde plataformas clásicas a juegos sociales, como la conocida granja, que invita al usuario a gestionar una granja con todas sus tareas diarias.

Aplicaciones

Si los juegos de Facebook son una de sus bazas fuertes, la otra reside en las aplicaciones que también puede encontrar. Desde Galletas de la Fortuna a Horóscopo, en un terreno en el que el único límite es la imaginación.

En cualquier caso, Facebook no sólo ofrece aplicaciones pasatiempo, sino que, cada vez más, las empresas han encontrado en esta red un filón para enganchar y fidelizar a sus usuarios con sus productos. Uno de los mejores ejemplos viene avalado por Coca Cola, que ha sido capaz de sacar el mayor partido de esta red. Tenga en cuenta que los usuarios ofrecen muchísima información sobre sí mismos al usar esta red, y que esa información es fácilmente aplicable al desarrollo de productos y programas de venta, lo que nos lleva al siguiente apartado.

Facebook y la privacidad

Los primeros usuarios de la red se enfrentaron a unos límites de privacidad relativamente laxos, lo que le costó a Facebook no pocas críticas. Conscientes del malestar que esto causaba a sus usuarios y de la rápida expansión mundial de la red (lo

que les podría ocasionar problemas legales), el equipo liderado por Zuckerberg decidió ponerse manos a la obra y centrarse en el control de este tema.

En la figura que acompaña a este texto puede ver la pantalla de Configuración de privacidad. Si se anima a crearse una cuenta en esta red, le animamos a que estudie con atención cada una de las opciones, ya que pueden librarle de muchos problemas en el futuro.

Tuenti, la alternativa española

Esta red social, inaugurada en enero de 2006, se ha convertido en uno de los sitios Web más visitados de España, a pesar de estar dirigida a un perfil mucho más joven que el de Facebook. En este caso, otro estadounidense se encuentra detrás, Zaryn Dentzel.

El funcionamiento de esta red es muy similar al de Facebook (no en vano, esta última es el modelo a seguir), aunque el perfil más juvenil de ella es bastante evidente. Las fotografías tienen un papel mucho más importante en su contenido, gracias a la nueva generación de móviles que incorporan cámaras y conexión directa con publicación en el estado de la aplicación.

En lo relativo a publicidad (recordemos que es una de las vías de financiación de estas redes),

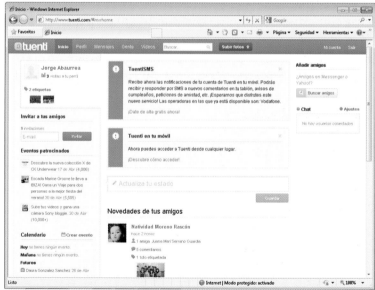

en el caso de Tuenti está más dirigida al patrocinio de eventos, a través de juegos y promociones. En cuanto al uso de esta red, sus responsables indican sus usuarios lo utilizan varias veces al día, hasta el punto de haber cambiado los esquemas de vida de los jóvenes y posicionar a Internet en el primer lugar de sus actividades diarias (por encima de la televisión, con la que suelen simultanear la actualización o la consulta de los estados en la red).

Twitter

De entre las redes sociales que hemos visto, probablemente sea la más particular de todas ellas. Twitter también sigue el modelo de las anteriores en cuanto a actualización de estados, pero no permite la interacción en tiempo real de las anteriores. En este caso, sólo se trata de leer mensajes de estado, con una limitación, además, de sólo 140 caracteres.

Aunque 140 caracteres puedan parecerle poco, hay una explicación detrás. Cuando Jack Dorsey creó Twitter, no llegó a pensar en lo que se acabaría convirtiendo. Su intención fue crear una plataforma vinculada a los SMS de los teléfonos móviles. De ahí los 140 caracteres por mensaje, más otros 20 por el nombre de la persona que lo enviaba. Aunque los usuarios supieron ver algo más en esta aplicación y la convirtieron, desde 2006, en el más revolucionario de los servicios de *blog*.

Si se fija en la parte superior de la pantalla, de forma muy similar a Facebook, Twitter le pregunta ¿Qué pasa? La principal particularidad de esta plataforma viene asociada a que los mensajes que escribe en Twitter los pueden ver todos los usuarios, sin necesidad de que haya una aceptación mutua como ocurre en las otras redes que hemos visto. En cualquier caso, no podemos dejar de recomendarle que

le dedique unos segundos. Probablemente le lleven a formar parte de ella.

Capítulo 10
Música y vídeo en la red

No se puede poner en duda que el formato de audio MP3 *(MPEG - Moving Picture Experts Group,* Grupo de expertos en imágenes móviles - *Audio Layer 3)* supuso una de las mejores operaciones de marketing para el desarrollo de la Red. También supuso un nuevo modelo de distribución para la música. En este apartado, analizaremos varios de los formatos de audio de la Red, centrándonos en el formato más conocido, así como en las versiones que, en cierto tiempo, veremos en Internet, aunque es poco probable que terminen trasladándose a los dispositivos, por el esfuerzo que ha realizado la industria para imponer como estándar el MP3.

MPEG Audio Layer 3

Este sería el nombre completo del formato más conocido de la Red, hasta el punto de haberse convertido en la segunda palabra más utilizada en los buscadores, después de "sexo". En el momento de redactar estas líneas, Google arrojaba más de 863 millones de páginas como respuesta a la búsqueda. Su creación tuvo como objetivo principal comprimir el espacio que otros formatos de audio utilizaban ante la escasez de ancho de

banda. Debemos tener en cuenta que hablamos de los inicios de una Red en la que la mayoría de la información se transmitía a través de líneas telefónicas estándar.

La forma en la que un método tradicional de audio digital, por ejemplo, un CD, graba la información es registrando la amplitud del sonido un determinado número de veces. La precisión de la amplitud está directamente relacionada con el número de bits que se utiliza para almacenarla. Así, a mayor número de bits, mayor calidad de grabación.

Si hablamos de capacidad o espacio, el consumo de la señal de audio se puede medir a través de varios factores, entre los que destacan tres. El primero de ellos es la frecuencia, o el número de muestras que se toman por segundo. El segundo de los factores es la amplitud de bits, es decir, el número de bits que se utilizan para almacenar la amplitud. El último de ellos es la longitud de la señal, es decir, el tiempo que dura la canción. Además, debemos tener en cuenta que, si hablamos de señales que se muestrean en estéreo, todos los factores anteriores deben multiplicarse por dos, ya que nos encontramos utilizando dos señales distintas, una para el canal izquierdo y otra para el canal derecho.

Un minuto de audio utilizando el formato WAV pionero de los archivos de audio digital y cuyo modelo se corresponde con lo explicado más arriba, ocupa alrededor de 10 MB. Transmitir esa cantidad de espacio a través de un módem suponía una cantidad de tiempo demasiado alta. Esta fue la principal motivación a la hora de crear el formato MP3.

Al hablar de sistemas de audio comprimidos, es muy habitual encontrar la palabra *codec*, que viene a ser la contracción de las palabras codificador y decodificador. Pues bien, para poder crear y, posteriormente, escuchar los archivos grabados en MP3, es necesario disponer de un *codec* que utilice este formato.

Una de las premisas que se tuvo en cuenta a la hora de crear el MP3 fue el rango de frecuencias que el oído humano puede oír. No hay unanimidad, pero la mayoría de los autores cifran la cantidad mínima en torno a los 20 ciclos por segundo y, la cifra máxima, alrededor de los 20.000 ciclos, también por segundo. Por lo cual, todo sonido que se encontrara fuera de ese rango de frecuencias podía ser descartado, ya que la mayoría de la población no sería capaz de oírlo.

El modelo que se aplicó decidió, además, eliminar cualquier tipo de sonido enmascarado por otros superiores. Es decir, si una guitarra está tocando sonidos muy agudos, otros sonidos más débiles no serían audibles, aunque quedan codificados en otros formatos, como el que se utiliza en la grabación de estudio, al tratar cada una de las pistas por separado. También se pensó en unir los canales del estéreo, debido a que el cerebro humano no es capaz de situar de dónde proviene el sonido cuando se encuentra a frecuencias bajas, por lo que este tipo de frecuencias, pese a estar en estéreo en el original, se codificaban como sonido mono, es decir, de un solo canal. Estos fueron algunos de los logros del MP3 en los que se basó para comprimir el sonido.

La palabra MP3, en contra de lo que muchos piensan, no es la versión tres del código desarrollado por MPEG, sino que, en realidad, se trata de la primera versión de MPEG, pero en lo relativo a la capa tres. De ahí la confusión.

MPEG es un grupo de expertos que trabajan para ISO (*International Standardization Organitation*, Organización internacional de Estandarización) cuyo objetivo es desarrollar sistemas de compresión para audio y vídeo. El grupo se fundó en 1988 y su primer desarrollo fue MPEG-1, el estándar en el que se basan productos como el MP3 y el vídeo CD. La siguiente evolución de la serie se dio con el MPEG-2, utilizado por los decodificadores de televisión digital y DVD. Como hemos dicho antes, no hubo una versión del MPEG-3, sino que se pasó directamente a la versión 4, que se convirtió en el estándar para comunicaciones multimedia, como las que se utilizan en los teléfonos móviles. En la actualidad, el grupo se encuentra trabajando en la versión 21.

La razón para explicar la gran distribución que ha tenido MP3 es que es una licencia libre, es decir, se encuentra acorde al modelo de *shareware*. Uno de sus principales impulsores fue Karlheinz Brandenburg, quien dio a conocer esta técnica en 1989. También fue importante la posibilidad de que se pudiera escuchar el archivo sin tener que esperar a que toda la canción se descargase, lo cual lo hacía ideal para usarlo en páginas Web.

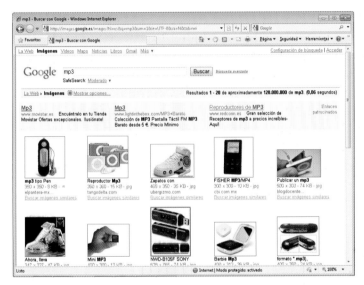

El bajo precio de los reproductores portátiles de MP3 que pueden encontrarse en la actualidad mantendrá al alza este tipo de archivos, ya que los usuarios no suelen ser proclives, el menos en su mayoría, a tener que cambiar un equipamiento comprado recientemente. También se debe tener en cuenta la gran cantidad de archivos que un usuario medio tiene en este formato, lo que es otra garantía para prolongar la vida útil del MP3.

WMA (Windows Media Audio)

Es la apuesta que realizó Microsoft para introducirse en el mercado del audio en Internet, intentando competir con el casi omnipresente MP3. Los archivos que utilizan esta tecnología se pueden encontrar como `.wma` o como `.asf`. La primera versión de WMA data de 1998, con un objetivo claramente dirigido a la reproducción en línea vía Internet. Forma parte del paquete Windows Media, que actualmente se encuentra en la versión 10. Una de las ventajas principales de este formato, al menos para la industria, es que permite que aquellas canciones que están firmadas, es decir, que tienen derechos de autor, no puedan ser copiadas.

Realmente, esto se limita a su reproductor, ya que otras herramientas hacen caso omiso a esta información. La mejor baza para su desarrollo es que el reproductor se encuentra incluido con el sistema operativo Windows Vista y Windows 7.

AAC (Advanced Audio Coding, Código avanzado de Audio)

Es probable que nunca haya oído hablar de este formato de audio, pero actualmente es de los más populares de la Red gracias a Apple y su reproductor iPod, ya que es el formato que incorpora por defecto. En este caso también vuelve a aparecer el grupo MPEG, ya que el AAC no es más que una extensión del MPEG-2.

Si se plantea por qué Apple decidió usar este formato en lugar del MP3, las razones son varias. La primera de ellas es que AAC va mucho más allá del estéreo, siendo compatible con hasta 6 o más altavoces. La otra la vemos en la frecuencia de muestreo, que puede llevar a los 96khz frente a los 48khz para los que está diseñado el MP3 (aunque se muestree a tasas más elevadas). Además, la calidad de sonido es muy superior, y ésa debe ser la principal razón por la que se ha convertido en el formato principal del iPod.

La siguiente revolución de Internet sin duda viene de la mano del vídeo. Al menos, eso es lo que se puede extraer de los esfuerzos que están haciendo algunas de las compañías más importantes de la Red, como Microsoft, Adobe o Apple, para impulsar sus propios sistemas. En este momento, los formatos que imperan en la Red son muchos. El más popular, probablemente, sea el DivX, debido a su capacidad de comprimir, con una calidad aceptable, una película completa en un solo CD. Además, varios dispositivos de reproducción de DVD domésticos ya incorporan compatibilidad con esta tecnología.

Otro formato, menos actual pero con una extensión similar, es el vídeo CD. La respuesta también se puede encontrar en los reproductores de DVD de bajo coste que son compatibles con este formato.

DivX

Es una tecnología que, según anuncia en su página Web, es capaz de comprimir una cinta de VHS en una relación 1:100. También asegura mantener una relación 1:10 si lo que se comprime es un DVD, lo cual permite almacenar su contenido en un CD normal. Lo que ha conseguido es una calidad aceptable como tecnología de compresión, cambiando el concepto de vídeo en Internet. Desde su introducción en el mercado en 1999, su tecnología ha evolucionado hasta el punto de ser pioneros en ofrecer vídeo a la carta. Son varios miles los títulos que se pueden comprar desde su página Web. De esta forma, si se posee una conexión de banda ancha, se puede realizar la descarga de cualquiera de las películas del catálogo y verla en uno de los dispositivos compatibles o en el propio ordenador.

Otra de las características de la tecnología es la posibilidad de adaptar el contenido a varios dispositivos, desde el monitor del ordenador o la televisión tradicional, a dispositivos portátiles e, incluso, a televisores de alta definición, con la última versión del *codec*.

Se podría decir que DivX ha sido para el vídeo lo que fue el MP3 para la música, una herramienta capaz de comprimir de tal forma que se convierte en un soporte ideal para la Red. La única pega que se puede atribuir es que para verlo, suele ser necesario descargar el *codec*, pero una vez hecho esto, el propio reproductor de Windows puede mostrar la película. También puede elegir usar el reproductor propio de la aplicación. Otro de sus puntos a favor fue ser uno de los primeros en conseguir grabar vídeo en alta definición, lo que será el estándar del futuro en la televisión, aunque por ahora pocos modelos de televisores pueden llegar a esa resolución de forma nativa.

El problema no se ha hecho esperar. La piratería ha utilizado esta tecnología para crear DivX con todo tipo de películas que se pueden encontrar en la Red, incluso antes de su estreno oficial. Para evitar los preestrenos no oficiales, la medida por parte de las distribuidoras cinematográficas ha sido prohibir la introducción

en los cines de todo dispositivo de grabación, amenazando con controles aleatorios en algunas salas. Estos últimos deben hacerlos las propias distribuidoras o imponerlos a las salas, ya que en el sistema cinematográfico español, productores y distribuidores no suelen converger. Ha llegado a tal punto el control que, en los pases específicos para periodistas, también se hacen estos controles. El problema es que no siempre las películas salen de alguien que las graba en una sala, ya que también se puede grabar desde la cabina de proyección, de las copias en DVD que utiliza la propia distribuidora para promoción, etc. Es un problema complicado que podría solucionarse en un futuro al que falta mucho tiempo, cuando la exhibición se pueda hacer vía satélite.

La piratería de DVD comenzó con un programa llamado DeCSS, que incluía el algoritmo de protección para que no se pudieran copiar, debido a la negligencia de un fabricante que no protegió convenientemente el código, por lo que se pudo extraer. Esto supuso un grave varapalo para la industria, ya que tenían toda su confianza en el sistema para evitar las copias.

Una nueva forma de ver los vídeos DivX ha aparecido recientemente. Se trata de un aparato que, conectado al televisor y a la red informática, permite ver directamente las imágenes del ordenador, incluyendo en ellas este tipo de vídeos, además de otras aplicaciones, como navegar por Internet o ver el álbum de fotos del último verano. Otra de sus ventajas es que se controla mediante un mando a distancia, lo cual aumenta la comodidad en su utilización.

MPEG

Realizaremos el análisis de esta tecnología a través de unos de sus soportes, aunque el más popular sea el DVD. Tanto el vídeo CD, como su variante de más calidad, el super vídeo CD, utilizan el CD tradicional y esta tecnología. El vídeo CD data de 1991 y fue comercializado por una coalición de las principales industrias en el campo de la imagen, es decir, Sony, Philips y Panasonic. En España, uno de sus problemas es que tuvo

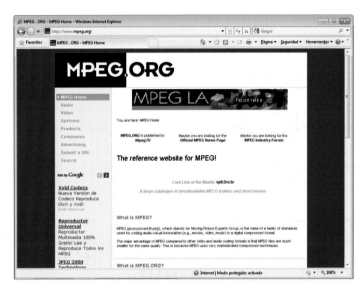

que entrar en un mercado que, en ese momento, estaba claramente liderado por el VHS. Además, no era la única tecnología que, en ese momento, ofrecía vídeo de calidad, ya que debía enfrentarse al Laser Disc y al CD-i. Su calidad de imagen es similar al VHS, aunque la codificación de ésta es digital. Su punto a favor es que se reproduce en la mayoría de los DVD domésticos, razón por la que la hemos incluido dentro del vídeo en Internet, al ser muchas las películas que se podrá descargar en este formato.

La tecnología que usa el vídeo CD es la primera generación de MPEG, que da una resolución de 352 por 288 puntos por pulgada. Permite sonido en estéreo y su capacidad puede llegar a ser de 74 minutos de vídeo por CD.

El super vídeo CD es la evolución del anterior. Utiliza el MPEG 2, el mismo que los DVD, con una calidad similar. El problema es que un CD no puede almacenar más de 40 minutos de vídeo, lo que lo hizo poco útil para su distribución, aunque en Internet si podrá encontrar cortometrajes en este formato. En la actualidad, la versión más extendida de este estándar es la cuatro, aunque la versión siete ya está publicada y se prevé que su utilización principal sea para los teléfonos y dispositivos móviles. La siguiente versión en la que se lleva trabajando desde junio de 2000 es la 21. La inversión de la industria en estos desarrollos es muy amplia y los proyectos de investigación pueden ser muy largos.

Windows Media Center

Si quiere estar a la vanguardia de la técnica y está usando Windows 7, solamente tiene que añadir una tarjeta receptora de TDT (Televisión digital terrestre) (o un dispositivo USB, *Universal Serial Bus*, Conductor de serie universal) y usar esta herra-

mienta de Microsoft. Gracias a ella podrá tener acceso a todos los medios imaginables, desde música o películas hasta radio y televisión. Y si lo que quiere es mostrar las fotografías de sus últimas vacaciones, tampoco tendrá necesidad de cambiar de aplicación, ya que lo que se busca es que tenga una experiencia integral.

La interfaz del programa Windows Media Center es extremadamente sencilla, ya que se han dejado de lado todos los botones innecesarios para que, simplemente, tenga que escoger lo que quiere hacer. Incluso se ha desarrollado un control remoto especial que, median-

te Bluetooth, se puede conectar al ordenador para que se olvide de que lo está usando y repita la experiencia que tendría frente a su televisor.

Por si fuera poco, también podrá usar los juegos clásicos de Windows, así como otros que se puede descargar en línea. Aunque resulte obvio, si no desea conectar su ordenador a la televisión, también podrá usar todos estos servicios a pantalla completa, llevando de esta forma la "caja tonta" a su dispositivo.

iTunes

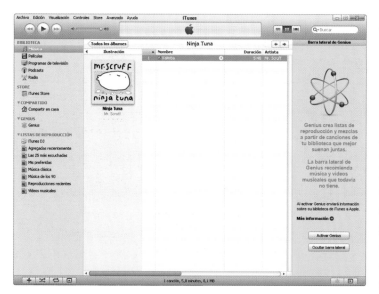

Al igual que la aplicación de Microsoft que acabamos de ver, Apple no se ha quedado atrás con su opción que, de hecho, fue anterior a Windows Media Center, gracias al desarrollo específico en los ordenadores Mac. Si posee un iPod o cualquier otro de los dispositivos móviles de "la manzana", es bastante probable que ya los conozca. Si no, no deje pasar la oportunidad e instálese esta magnífica aplicación que, entre otras cosas, le permitirá gestionar su propia audioteca personal.

En la figura puede ver la pantalla principal de iTunes, que le mostrará su colección musical completa. En la parte izquierda puede ver las diversas opciones que le ofrece el programa, entre las que observará que no sólo gestiona música, sino que también puede albergar todo tipo de vídeos, que podrá ver directamente.

Apple Store

La otra gran baza de esta aplicación viene de la mano de la tienda en línea de Apple en la que podrá comprar no sólo música, sino también películas o programas de televisión, incluso suscribirse a los servicios educativos de diversas universidades o a los *podcasts* (cortes de audio) de sus programas radiofónicos preferidos.

Otra gran forma de integrar todo su ocio digital en un solo lugar que, además, se sincronizará de forma automática con aquellos dispositivos de Apple de los que disponga, especialmente con eApple TV, el cual transferirá estos contenidos a su televisor.

Capítulo 11
Todo lo que puede
hacer en Internet

Microsoft Expression Web

Después de todo lo que ha visto a lo largo del libro, es posible que se sienta tentado a construir su propia página Web. Si se siente con ganas de hacerlo le recomendamos desde el principio que utilice Expression Web de Microsoft, el sucesor del mítico FrontPage.

Si ha utilizado versiones anteriores de Microsoft Office, es posible que el último nombre que acabamos de nombrar, FrontPage, le sea familiar. Esta aplicación se encontraba en muchas de las versiones completas de la *suite* de informática de Microsoft, estando especialmente indicada para todos los que quisieran dar sus primeros pasos en el mundo de la creación de páginas Web.

Su principal característica era una interfaz en la que podía ver, de forma visual, todos los cambios que iba realizando. De esta manera, realizar una página era muy sencillo, ya que en todo momento podía ver lo que estaba creando.

En la pantalla anterior puede ver la última versión de esta herramienta, que traemos a colación aquí para compararla con su sucesora, Expression Web, una nueva herramienta para la nueva era de Internet.

Y es que resulta cierto que Internet se encuentra en una nueva era. Es posible que haya escuchado hablar de la Web 2.0, como se conoce en el "mundillo" a la nueva Internet en la que muchos de los contenidos están generados por los usuarios, con lo que se ha logrado una mayor democratización de la Red de redes.

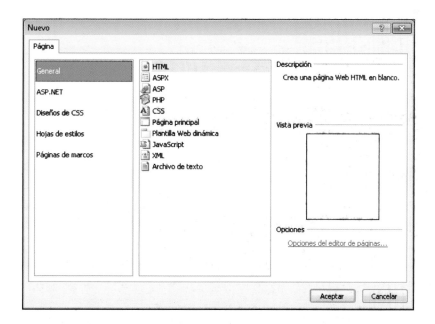

Ya no es necesario tener grandes conocimientos de programación; ésta ha sido una de las máxima de Microsoft al desarrollar esta herramienta. Expression Web reduce la complejidad y le permite una mejor integración de datos mediante las herramientas de diseño y los paneles de tareas que incorpora. Además, esta versión es totalmente compatible con CSS (*Cascading Style Sheets*, Hojas de estilo en cascada), que le permiten dar formato unificado a todos los contenidos de su página de una forma muy sencilla.

Además de ser totalmente compatible con los estándares modernos que imperan en las páginas Web, esta aplicación facilita también la optimización de los sitios para obtener accesibilidad y compatibilidad en todos los navegadores.

Los conceptos de accesibilidad y usabilidad son importantes, ya que permitirán que la experiencia del usuario con su página Web sea óptima y eficaz, lo que repercutirá en un mayor número de visitas.

Esta nueva apuesta de Microsoft busca retomar un hueco en el mercado que perdió a mano de otras aplicaciones, ya que FrontPage se consideraba un programa poco serio para el diseño de páginas Web.

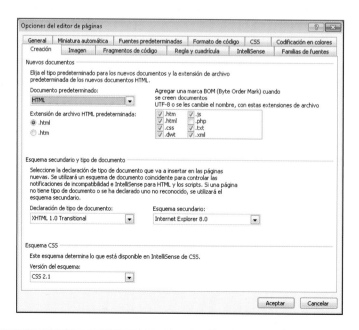

La principal razón por la que le recomendamos la nueva herramienta de Microsoft está relacionada con su facilidad de uso. Al igual que la mayoría de los productos del fabricante de Windows, esta aplicación está pensada para resultar sencilla para el usuario, sin por ello dejar de ser potente y efectiva.

Como puede ver en todas las imágenes que acompañan a este capítulo, la

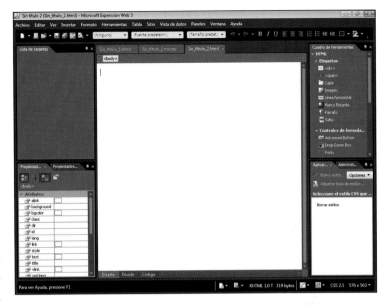

interfaz no es exactamente igual que la de Office, pero sí que es la más óptima para este tipo de programación. Tenga en cuenta que, a pesar de no necesitar conocimientos de programación para utilizar esta herramienta, en un momento dado también puede inclinarse por aprender alguna de las tecnologías que se utilizan en la Web.

Una vez que lo haya hecho, con el programa de diseño Web de Microsoft podrá seguir trabajando con esta misma aplicación, aunque sacando mucho más partido de la mayoría de sus funciones.

Anímese a probar la experiencia de la creación de páginas Web y descargue la versión de prueba de este programa, que podrá encontrar en la dirección URL de Internet: `http://www.microsoft.com/spain/expression/try-it/Default.aspx`.

Le recomendamos que, si decide embarcarse en esta nueva experiencia, utilice la ayuda del programa y los recursos que encontrará en su página Web. Es posible que la primera vez que se enfrente a la herramienta le parezca complicada, pero estamos seguros de que tardará muy poco tiempo en comprender todos sus secretos y en crear un sitio Web estupendo.

MySpace

¡Bienvenido de nuevo a los sitios de redes sociales! MySpace es uno de las mayores redes de interacción social con casi 200 millones de usuarios (aunque muy superado por Facebook). Los sitios de interacción social aparecieron para llenar un espacio que ciertos usuarios empezaban a reclamar y que, al mismo tiempo, aprovechasen todas las posibilidades de la nueva Web, desde publicar vídeos a permitir un calendario para coordinar todos los eventos que organizaba una comunidad.

Esta red fue una de las primeras en aparecer y, sin que nadie lo esperara, comenzó a crecer, a multiplicarse y a incrementar su popularidad, hasta el punto de convertirse en una auténtica revolución social.

Según algunas Webs dedicadas a medir el tráfico de Internet, éste es el sexto sitio más visitado de toda la red. Es tal el mercado que encierra que uno de los magnates mediáticos de Estados Unidos, Rupert Murdoch, dueño, entre otras, de la emisora televisiva FOX, pagó 580 millones de dólares por adquirir esta red social, a la que rápidamente le han salido competidores, como puede ser el caso de Facebook, que se ha posicionado como líder en la nueva Web 2.0.

Le recomendamos que visite algunas de estas páginas para que se haga una mejor idea de lo que supone este nuevo movimiento social.

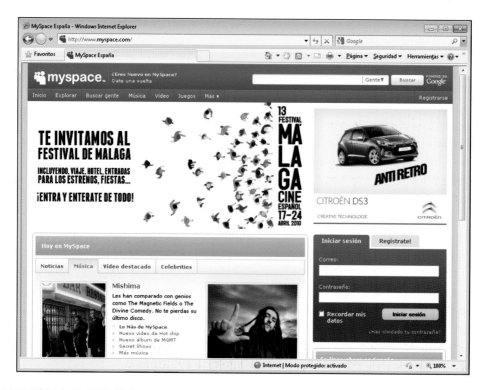

LinkedIn

Al igual que MySpace supuso una revolución en las redes sociales, las relaciones profesionales no han quedado a un lado. Las redes como LinkedIn favorecen las relaciones entre profesionales, permiten no sólo aumentar los contactos, sino aprovecharse de servicios y relaciones que pueden venir avalados por personas conocidas. Normalmente el acceso a este tipo de redes es por invitación de algún miembro, aun-

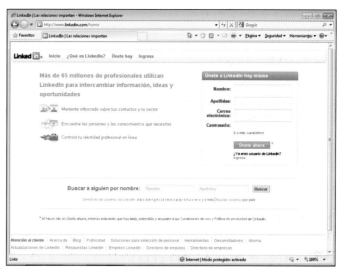

que cierto perfil público puede ser visto por todos los usuarios de la red si el usuario lo desea. Además de favorecer las relaciones sociales, en este tipo de redes se puede pertenecer a asociaciones profesionales o con un interés concreto. De esta forma, no sólo se consigue favorecer las relaciones en el ámbito profesional, sino que éstas pueden llegar a otros ámbitos.

Xing

Un ejemplo del mismo tipo que el anterior, aunque esta vez más centrado en el mercado de habla hispana, es el que podemos encontrar en Xing. Fusionada recientemente con Neurona, cuenta con más de 900.000 usuarios y con 154 comunidades profesionales.

Todas estas redes sacan partido de una teoría matemática que afirma que todos los habitantes de este planeta se conocen a través de 6 grados

de separación. De esta forma, al conocer a 6 personas más o menos distintas, se podría encontrar una relación con cualquier otra persona del mundo.

Zattoo

Esta es probablemente una Web que muchos usuarios esperaban que apareciera. Su función es sencilla, mostrar la televisión por Internet. Destaca sobre sus rivales por ciertas características. Veamos algunas:

Con anterioridad a Zattoo, la televisión por Internet no se asemejaba en absoluto a la televisión tradicional. Las secuencias de vídeo se entrecortaban, saltaban y se interrumpían, y la calidad de la imagen era pésima. Zattoo integra la televisión real a su ordenador. La forma en la que lo consigue es gracias a una revolucionaria tecnología que ofrece verdadera calidad y definición de imagen.

Otra de sus características es una gran selección de canales. Hasta ahora, la única utilidad del vídeo por Internet era la de enviar a los amigos videoclips entretenidos con los que poder reírse. Con Zattoo, también puede disfrutar de una excelente televisión: podrá ver todas las noticias, eventos deportivos o sus series favoritas, y cambiar de canal con tan sólo pulsar los botones de avance o retroceso del mando a distancia. Diariamente se añaden nuevos canales y pronto ofrecerán servicios a escala internacional, lo que aumentará notablemente el número de canales.

En la actualidad, en España puede disfrutar de la programación de los siguientes canales: Antena 3, Canal 24 de TVE, Deutsche Welle, France 24, La Primera, La 2, La Sexta, SF Info, TeleDeporte y TVP, entre otras.

Una buena opción para disfrutar de una televisión de calidad desde su ordenador sin necesidad de tener otro televisor en la habitación.

YouTube

Si seguimos hablando de la Web 2.0, no podemos dejar fuera de ella a YouTube. Esta página ha superado todas las barreras: si en un principio, sólo era un lugar en el que compartir vídeos, ha terminado por ser una de las mayores inversiones que ha efectuado Google, al adquirirla en octubre de 2006 por 1.650 millones de dólares. Hace pocos meses Google ha decidido comenzar a sacar partido de su inversión al incorporar publicidad a sus vídeos, lo que ha provocado las críticas de algunos de sus usuarios ya que, según ellos, se ha perdido el espíritu con el que nació originalmente esta Web.

Otro paralelismo con la evolución de la red, viene unido a lo que fue una primera reacción crítica por parte de los medios de comunicación. A medida que la popularidad de YouTube fue aumentando, los medios lo han comenzado a ver como un aliado en lugar de un enemigo, aprovechándose de las posibilidades del nuevo lenguaje. Lo que se conoce como publicidad viral, la que se aprovecha del boca a boca entre consumidores, tuvo una parte originaria importante en esta Web, gracias a la campaña lanzada por la MTV con el videoclip "Amo a Laura". Probablemente el anuncio tuvo un doble efecto, ya que no sólo ayudó al lanzamiento del canal musical, sino que, al mismo tiempo, supuso un notable incremento de notoriedad para la página que albergó el vídeo, que no es otra que YouTube.

eBay

Es más que probable que en algún momento haya escuchado hablar de la casa de subastas más grande de la Red: eBay. La versión española del sitio Web lleva ya más de cinco años en la Red, y cada vez es mayor el número de usuarios que la utilizan para realizar compras de todo tipo.

El sistema mediante el que funciona la página es sencillo. Un usuario publica un anuncio del objeto que quiere vender y el resto de los miembros pujan durante el tiempo que dure la venta. Al finalizar, el pujador que haya ofrecido la mayor cantidad se lleva el producto.

Lo curioso de esta página radica en que es posible encontrar casi todo en eBay. ¡Haga la prueba! Como muestra, un botón: observe la imagen para ver las subastas de billetes españoles que puede encontrar en este momento en la casa de subastas digital.